The Earliest Relationship:
Parents, Infants, and the Drama of Early Attachment

父母和婴幼儿的早期依恋关系

〔美〕T. Berry Brazelton & Bertrand G. Cramer 著

牛君丽 译

中国轻工业出版社

图书在版编目（CIP）数据

父母和婴幼儿的早期依恋关系 /（美）T.贝里·布雷泽尔顿（T. Berry Brazelton），（美）伯特兰·G.格拉默（Bertrand G. Cramer）著；牛君丽译. —北京：中国轻工业出版社，2020.6

ISBN 978-7-5184-2222-7

Ⅰ. ①父… Ⅱ. ①T… ②伯… ③牛… Ⅲ. ①亲子关系－家庭教育 Ⅳ. ①G781

中国版本图书馆CIP数据核字（2018）第254322号

版权声明

Copyright © 2003 by T. Berry Brazelton, M.D. and Bertrand G. Cramer, M.D.

This edition published by arrangement with Da Capo Press, an imprint of Perseus Books, LLC, a subsidiary of Hachette Book Group, Inc., New York, USA. All right reserved.

总 策 划：石　铁
策划编辑：戴　婕　　　　　　责任终审：杜文勇
责任编辑：戴　婕　　　　　　责任监印：刘志颖

出版发行：中国轻工业出版社（北京东长安街6号，邮编：100740）
印　　刷：三河市鑫金马印装有限公司
经　　销：各地新华书店
版　　次：2020年6月第1版第1次印刷
开　　本：880×1230　1/32　印张：9.625
字　　数：133千字
书　　号：ISBN 978-7-5184-2222-7　　定价：58.00元
读者热线：010-65181109，65262933
发行电话：010-85119832　传真：010-85113293
网　　址：http://www.chlip.com.cn　http://www.wqedu.com
电子信箱：1012305542@qq.com
如发现图书残缺请与我社联系调换
180603Y2X101ZYW

译 者 序

当《父母和婴幼儿的早期依恋关系》(*The Earliest Relationship: Parents, Infants, and the Drama of Early Attachment*) 摆在我的面前时，作者贝里·布雷泽尔顿 (T. Berry Brazelton) 博士的名字立刻引起了我极大的兴趣。我对布雷泽尔顿博士最初的认识来自《布雷泽尔顿新生儿行为评估量表》，此量表自诞生起一直在全世界范围内被广泛应用，对人们了解新生儿的发育状况提供了极大的帮助。我女儿出生在美国，还记得她刚出生时，医院送了我们一个新生儿大礼包，里面就有此量表。礼包里面的一些东西很快被用完或送人，唯有此量表一直陪伴着女儿婴儿期成长的每一天，给当时没有家人和朋友帮助的我们带来了极大的帮助和安慰。

布雷泽尔顿博士是美国著名的儿科专家，在美国几乎是家喻户晓，几乎每个有新生儿的家庭都有他的育儿指导丛书。布雷泽尔顿博士还是波士顿儿童医院儿童发展科的创办人、哈佛医学院儿科荣誉退休临床教授，现任布朗大学儿科与人类发展学教授,美国儿童发展研究协会和美国临床婴儿计划中心的主席,他著有150余篇学术论文,发表了近20本著作。

另外一个作者伯特兰·格拉默(Bertrand G. Cramer)博士,是日内瓦大学儿童精神病学教授和执业精神分析师,婴儿精神病学先驱。他经常对医生、心理学家和护士进行婴儿精神病学方面的培训。书中提到他与布雷泽尔顿博士在波士顿医院共事期间,深受其影响,立志把他们在儿科和儿童精神病学方面的研究结合起来,著作成书,为新生儿养育带来更全面的指导和帮助。

我对此书的兴趣特别浓厚,迫不及待地想先睹为快,很快便被其内容深深吸引和感动。本书不仅将儿科专家的视角和心理学家的视角结合了起来,也将父母与新生儿放在同一个平台上一起考察和研究,指导人们认识和解决育儿过程中的常见问题。它完全打破了心理学和生理病理学各自为政的局限性,不仅能帮助人们了解新生儿及父母的客观生理条件和行为反应,也揭示了社会习俗、成人成长经历和心路历程等在养育过程中对亲子互动及新生儿身心成长的深刻影响。

这是两位作者结合他们一生的研究及实践共同撰写的关于父母和婴幼儿早期依恋关系的权威著作。美国著名的《柯克斯书评》(*Kirkus Reviews*)描述这本书"从孩子尚在妈妈子宫开始,戏剧化地描写了婴儿和父母之间关系的建立和发展……

就像爱情故事一样引人入胜，这就是一个关于爱的故事"。《旧金山纪事报》(San Francisco Chronicle)称其"可靠又实用""所有参与新手父母相关工作的人——儿科医生、护士、心理学家、精神病学家和社会工作者——都对此书赞不绝口""这本书是所有关爱孩子、充满好奇心的父母的宝贵资源"。

本书分为五大部分，既有坚实易懂的理论基础，又有丰富详实的生动案例，让每一个读者都能获得启发和帮助。世界婴儿精神病学和相关学科协会主席罗伯特·埃姆德（Robert Emde）博士说："本书特别有价值的部分是'臆想互动'部分以及本书最后一章，作者用生动的事例说明了他们所提倡的儿科和精神分析精神病学的互补理念。这本著作应该被广泛阅读。"

读过此书后，我深有同感。为了每一个新生儿的健康成长，也为每一对新生儿父母在育儿路上少走弯路，尽早发现自我，与孩子一起再次踏上成长路，将育儿的烦恼变为成长的美好，我按捺不住、满怀激动、战战兢兢地将此书翻译成中文与大家分享。我深知自己能力有限，但我竭尽所能，唯愿能将本书的精髓展示给大家！

牛君丽

2019年12月于北京

目　录

前言 ·· 1

第一部分　怀孕：依恋关系的产生 / 7

引言 ·· 9

1. 依恋关系的前史 ·· 11
   性别认同 ·· 11
   生儿育女的愿望 ·· 16

2. 依恋关系的开端 ·· 25
   妊娠 ·· 25
   第一阶段：获知孕信 ·· 27
   第二阶段：独立生命的萌动 ··· 30
   第三阶段：了解将要出生的宝宝 ···································· 35
   生产 ·· 42

3. 依恋关系中的准父亲 ··· 45
   男人对孩子的渴望 ··· 47

父亲在孕期的情感 ·· 49

　　父亲的"缺席" ·· 54

　　父亲对怀孕妻子的支持 ·· 55

　　还给父亲应有的权利 ·· 56

第二部分　新生儿的参与／59

引言 ·· 61

4. 新生儿的外貌及其影响 ·· 64

5. 新生儿的反射运动 ·· 66

　　喂养 ·· 69

6. 新生儿的5种感官 ··· 71

　　视觉 ·· 71

　　听觉 ·· 77

　　嗅觉 ·· 80

　　味觉 ·· 81

　　触觉 ·· 82

7. 意识状态 ·· 84

　　六种意识状态 ·· 85

　　睡眠周期 ·· 88

　　习惯性适应 ·· 90

8. 新生儿评估 ·· 92
　　新生儿行为评估量表 ··· 94
9. 个体差异 ··· 100

第三部分　早期互动观察 / 113

引言 ·· 115
10. 互动研究：概述 ·· 117
　　精神分析研究 ··· 117
　　行为观察 ··· 120
　　学习与互动 ·· 122
　　婴儿互动量化研究 ·· 126
11. 情景互动 ··· 129
　　动力来源 ··· 132
　　婴儿与物体 ·· 134
　　婴儿与父母 ·· 135
　　早期互动中父母的差异 ··· 140
12. 冷面研究 ··· 142
13. 早期互动的四个阶段 ·· 148
　　体内平衡控制 ··· 148
　　长时关注 ··· 150
　　极限测试 ··· 152

自主性出现 ………………………………………… 153

14. 早期互动的基本特征 …………………………………… 159

　　同步性 ……………………………………………… 159

　　对称性 ……………………………………………… 160

　　相倚性 ……………………………………………… 161

　　夹带性 ……………………………………………… 163

　　游戏性 ……………………………………………… 165

　　自主性与灵活性 …………………………………… 166

第四部分　臆想互动 / 169

引言 ……………………………………………………… 171

15. 给婴儿的行为赋予意义 ………………………………… 173

　　投射 ………………………………………………… 175

16. "幽灵"再现 ……………………………………………… 179

　　去世亲人的影子 …………………………………… 184

　　害怕夭折 …………………………………………… 186

　　把婴儿当作父母 …………………………………… 187

　　把婴儿当作法官 …………………………………… 189

　　把婴儿当作兄弟姐妹 ……………………………… 191

　　好"幽灵"和坏"幽灵" ……………………………… 191

17. 过去关系模式重现 193
　　食物大战再现 193
　　与过去相反 195
　　创建理想关系 196
　　实现自己的理想：国王婴儿 198
18. 父母的一部分 201
　　把孩子当成恶棍 203
　　令人失望的婴儿 205
19. 臆想互动的评估 207

第五部分　理解早期关系：婴儿评估的互补方法／209

引言 211
20. 成长观察与理论分析相结合 214
21. 互动评估 216
　　发展阶段 217
　　行为观察 218
　　主观经验 219
　　互补法 219
22. 莉萨："人小气大" 221
23. 塞巴斯蒂安："责备的眼神" 236
24. 彼得："真是个野人" 243

25. 克拉丽莎:"无论代价如何" 253
26. 鲍勃:"他们把他带走了" 263
27. 安东尼奥:"一只坏眼睛" 266
28. 萨拉:"玛丽娜" 275
    产后抑郁症和早期干预 281
29. 玛丽:"停顿" 284
30. 朱利安:"暴君" 290
31. 干预性评估 294

前　言

作为本书的作者，我们两个，一个是常年从事新生儿研究的儿科医生，一个是多年进行新生儿精神病学研究的精神病科医生。我们一直想把两人在各自领域的研究成果整合起来，形成理论并用于临床工作。1982年，我们得到在波士顿儿童医院共事的机会，开始一起构思这本书，想把对新生儿行为和亲子互动研究的成果应用到日渐兴起的新生儿心理学与精神病学领域。

不同学科的专业人士，包括儿科医生、精神病学家、心理学家、护士以及社会工作者等，都在从事与新生儿及其父母相关的工作，有些人关注新生儿的健康发展，有些人注重父母的焦虑和困惑。我们写这本书的根本原则有两个：一、必须将新生儿和他们的父母作为一个整体进行观察和研究；二、必须跨学科。最早提出这种亲子相互依存方法的是温尼科特(D. W. Winnicott*)，

---

* 温尼科特，1896—1971，英国著名的客体关系理论大师，他撰写了大量著作，阐释母亲与孩子之间的相互作用是如何滋养或阻碍孩子发展的。——译者注

他说，"一个人初降人世，（将他和父母）分开研究是不合逻辑的"（Winnicott，1988a）。"只要说起某个新生儿，你一定会发现口中说出的是新生儿和某人。新生儿不是单独存在的，他存在于与他人的关系中"（Winnicott，1987）。针对父母对孩子的热情与憧憬进行的精神分析和动态精神病学研究取得了很大发展，为儿科医生与护士照看健康新生儿和高风险新生儿提供了很大的帮助，也促进了发展心理学家们对新生儿的研究。

20世纪60年代，在心理治疗领域，Margaret Mahler和Selma Fraiberg开辟了将新生儿与母亲安置在一起进行心理治疗的先河；John Bowlby和Louis Sander等人也在这个年代开始将精神病学理论应用于新生儿研究。也就是说，将不同领域结合在一起的研究方法，在20世纪60年代刚刚起步。而与此同时，独立学科研究已经进行得非常深入，并在继续发展。近年来，新生儿发展研究取得了巨大进展，为了解儿童的感知、行为和社会能力提供了一个新窗口。互动研究也取得了卓著成果，积累了丰富的研究数据，本书第三部分对此进行了阐述。最近，又兴起了新生儿精神病学研究，为更好地观察新生儿父母提供了很好的借鉴，临床应用也成为可能。

写这本书的最大动力，很大程度上源于我们两人各自的工作经历。作为儿科医生，我（T. Berry Brazelton）很早就注意到，只有把父母介入到治疗中，才有可能帮助新生儿获得最好的发展。如果不了解父母自身儿时遗留的问题，以及这些问题对他们认识新生儿行为的影响，就根本无法帮助他们改变在新生儿行为反应方面的偏差。我能感受到新生儿父母强大的关怀力量，但是这种力量无法帮助他们改变问题。我在儿童医学和心理学方面受到的培训使我能够轻松辨识新生儿发展中出现的生理偏差和缺陷，但是当我眼看着父母和他们的宝宝一起走向互动挫败时，我却无法触摸到这些父母的心。

随着对新生儿发育的学习和研究，我逐渐认识到新生儿强大的生长能力和自愈能力，令人特别惊讶的是，即使他们的生理或心理受到严重伤害，都可以实现重塑。对新生儿的研究，使我认识到新生儿发展过程中各机能系统发展（动机、情感、自主和认知）之间的相互促进。同时，我也发现，新生儿一方面极易被环境影响，另一方面又强有力地改变着环境。我认识到新生儿是互动不可分割的一部分，从而开始知道建立健康亲子关系的必要条件。

制定新生儿行为评估量表，需要对新生儿的一些特定能力进行观察，在观察中我们发现了各机能系统之间的早期交互作用。在波士顿医院的儿童发展科，我和同事Edward Tronick、Heidi Als、Barry Lester、Suxanne Dixon等人一起，对新生儿父母进行观察，见证了爸爸妈妈们学习适应新生儿的互动节奏、行为和需求的整个过程。每一个研究机会都为我认识儿科工作中的亲子关系打开了一扇新的窗户。在努力帮助每一个就诊家庭的过程中，了解新生儿的行为和反应所蕴含的意义，可以有效地帮助家庭健康成长并使他们乐在其中。通过儿童发展研究，即使是在新生儿的初期发展阶段，我也能够预测到新生儿未来可能出现的人际关系问题，因此，我无法再安慰新生儿的父母，说："别担心，长大就好了！"也无法继续坐视同事们这样做。若新生儿与父母的关系出现问题，尽管他们竭力相处，问题的根源却有可能会长期存在下去。如果能够认识到问题的本质，他们就有可能彻底解决这个问题。即便是早产儿或者是有先天缺陷的新生儿，如果环境适宜、人们对他们足够敏感，他们都有可能得到调整，从而健康地生活。

作为一名心理学家和精神病学家，在过去的25年间，我（Bertrand G. Cramer）诊治和研究的对象都集中在人的初生阶段。儿童精神病学方面的培训学习，使我认识到对儿童的精神治疗要从他们初生期间与父母的关系入手。只要双方都乐于敞开，积极学习新的知识和变化，亲子心理治疗可以为父母与孩子双方同时提供改变的机会。

传统精神分析治疗依据的主要是就诊人员的口头陈述，而不是问题行为本身。由于新生儿不具备口头描述的能力，我转而通过发展心理学和儿科行为学对新生儿的行为进行了深入了解，在这个新兴的领域，布雷泽尔顿走在了学科的前头。在亲子治疗的过程中，观察亲子互动是我的主要信息来源。对新生儿的能力和早期互动进行研究，对我来讲意义重大，对其他许多专注于心理动力学研究的儿童精神病学家来说也是如此。

在与亲子相关的工作中，传统精神病学只注重严重病理和适应不良方面的局限性逐渐显露了出来。与布雷泽尔顿的合作使我认识到母婴关系的每一面都有其强大内在的积极力量。母婴心理治疗方面长期积累的经验使我相信，在早期阶段进行干预是预防儿童精神机能障碍的最佳机会之一。

在这种背景下，《父母和婴幼儿的早期依恋关系》这本书包含的是自受孕到出生头几个月的发展心理学、新生儿研究、心理分析等方面的深入认识。我们试图将新生儿发育与母婴互动结合起来，同时也将其与亲子问题的临床治疗相结合。

本书的第一部分将依恋关系的建立追溯到父母对孩子的盼望、憧憬及孕育。这一部分是后续各章节的基础。在这一部分，我们将谈到新的造影技术，通过这些新技术可以将腹中胎儿显现出来；我们将谈到胎儿对父母与他的关系产生的影响；同时，我们也将父亲和母亲对即将出生的孩子的憧憬与盼望进行比较和对照。

第二部分介绍了亲子关系中的另外一个参与者，"无论从解剖学还是生理学的角度"（Winnicott, 1988），从出现的第一天起，他就开始影响关系的发生与发展。在这一部分，我们从发展心理学和新生儿研究的角度，对新生儿在亲子关系中的反射、感觉、知觉等方面的内容进行了阐述。并且概述了新生儿行为能力、长处及技能的评估方法，还特别对新生儿行为评估量表的应用进行了说明。

第三部分是互动研究的历史与现状回顾，阐述了我们的互动系统模型，以及我们在"冷面"研究方面的贡献。在这一部分，我们分析了早期互动各个阶段的同步、相倚和协同等内容。

第四部分，平衡亲子互动的客观观察及其背后隐含的幻想性、戏剧性内容。在这一部分，我们列举了一些"臆想互动"，以及我们对这些现象的推测和诠释。

最后，在第五部分，我们将上面的理论应用到我们各自的临床实践中。我们用9个案例对这种观察与理论互补的方法进行了说明，给每一个关心新手家庭的人作为参考。在这一部分，我们列举了包括哭泣、早产、抑郁、过度刺激、睡眠困难、轻微天生缺陷等常见又长期困扰人的问题和情景。我们希望各个学科领域的读者遇到真实情景的时候，这些案例能给他们一些启发。这整个章节旨在说明，我们在生理学与心理学两方面的观点以及评估本身，已成为早期干预的一种有效方式。

第一部分

★

怀孕：依恋关系的产生

两个肉体，一个灵魂……母亲的愿望刻在孩子的身上。

——列奥纳多·达芬奇

引　言

　　即将到来的宝宝，对于准父母来说，不是一个而是三个。一个是他们梦想与憧憬的宝宝，一个是虽看不见却真实存在的胎儿，数月孕育之后，他的节奏和个性越来越明显，最终降世为人，成为可以抱在手中、看得见、听得到的婴儿。新生儿依恋关系的建立可以追溯到孕前父母对孩子的盼望和想象，以及受孕成胎，胎儿在妈妈腹中发育成长的9个月，那时，他已经是父母世界的一部分。新生儿在亲子关系中的作用将在本书第二部分详细阐述。

　　为了理解父母和孩子之间"原始的"互动，我们必须简要地回顾一下更早期的关系。无论是生物学的发展进化，还是环境使然，大家普遍认为，有一种力量促使男人和女人渴望生养孩子，这种让人对孩子充满憧憬、想要生养的力量可以被看作依恋关系的史前期。怀孕期间，经过9个月的生理和心理调整，胎儿日渐长成，这个过程可以说是依恋关系建立的曙光。男人和女人对为人父母、对生养孩子的盼望以及孕期的经历并非同步，所以，我们将在第3章特别谈到父亲为尚未出世的孩子进行的自我调整。

1

依恋关系的前史

每个女人怀孕，都是她受孕前的全部生命的投射。她与自己父母的相处经历，她所经历的俄狄浦斯三角关系的影响，促使她逐渐适应、最终带领她与父母成功分离的力量，都影响着她对新角色的认识和调整。童年和成人阶段尚未满足的需求也可以使人渴望怀孕，成为怀孕生子的诱因。对这些促使人渴望生养孩子的早期经历和诱因进行剖析之后，我们将看到怀孕本身带来的变化，我们来梳理一下母亲这个新身份带给女人在情感与幻想方面的改变。

性别认同

促成性别认同的因素很多。大部分人对性别的感受都很混杂，但总有一个核心身份超过这个人的其他性别认同。这个

"核心性别身份"(对某种性别的主观归属感)来源于生命之初,受生物发展与所处环境的双重影响。

1. 荷尔蒙影响。性染色体决定了胎儿卵巢和睾丸的分化。在胎儿发育的关键期,高水平的循环雄激素决定了男性典型外生殖器的形成。雄激素的显性水平会使基因上的女性胎儿产生男性外生殖器。阴蒂在出生时会增大,看起来像是阴茎。睾丸囊获得发育,婴儿的外形呈现男性化。

John Money 和 Anke Ehrhardt 在1972年指出行为和情绪上的性别分化也许在子宫里受到与此类似的影响。性激素对大脑有直接影响,影响重要神经质的形成,促进神经细胞的生长。性激素影响下丘脑,这是大脑与行为调节密切相关的区域。在动物界,无论是雌性还是雄性,在高水平产前雄激素下,都会表现出雄性交配等雄性行为特征。然而,就人类而言,激素在外部生殖器发育过程中起着重要的作用,而在大脑发育过程中,决定行为的可能是生物力量和环境因素之间的相互作用。

2. 性别认定。新生儿出生时,根据外部特征,被认定为某一个性别,这个性别认定对以后的性别形成起着决定性的作用。Money 和 Ehrhardt 对出生后外部性别特征与基因性别不相符的儿童进行研究,于1972年指出了这一颇具戏剧性的现象。这就是上面提到的,女性胎儿在腹中受到高水平雄性激素影响,长出"雄性"外部生殖器。这些孩子被当作男孩抚养,周围人的观念和行为决定了她们对自己是"男孩"的认定。Money 和 Ehrhardt 指出，性别认同在儿童 2 岁之前就确定了。

同样的，一个在基因上是雄性的胎儿在子宫里对雄性激素反应不敏感，生出来会带有阴道等女性外部特征。这样的孩子会被当作女孩抚养。起初是父母把他们看作女孩，随着年龄渐长，他们自己内心也把自己认作女性。只有当青春期到来或不育导致他们寻求医学治疗时，才发现他们的真正性别。他们不仅心里认定自己是女性，行为上也是女性的样式。

这些"自然实践"表明了父母及社会对性别的期望极大地强化了胎儿在子宫内受到的荷尔蒙影响。对这些孩子来讲，决定他们被养育方式的是他们的外部性别特征，而不是他们的基因性别。社会压力、角色认定和父母的期望决定了他们主观上对自己的性别及行为性取向的认定。

3. 先天行为差异。 尽管许多研究人员试图区分新生男孩和女孩的先天行为差异，但几乎没有什么差异是持久不变的。新生男孩的肌动活动并不比女孩的更多，但是他们的肌动行为的品质可能会不同。新生男孩的肌动活动似乎更有活力，但持续时间较短，而新生女孩的肌动活动就显得更平缓，高峰来得更慢一些。男孩往往表现出更高的兴奋程度，这可能与男性产前和出生并发症的发生率较高有关 (Parmelee & Stern, 1972 年)。新生男孩对物体的关注时间短，但是关注频率高，女孩的关注发起慢，但持续时间较长。新生女孩的触觉、味觉和嗅觉更灵敏，口腔活动和行为更多（Maccoby & Jacklin, 1974）。虽然这些性别上的先天差异没有与性别无关的个性差异那么显著，但依然会对早期互动产生影响（Cramer, 1971）。

4. 父母的态度。自性别被认定的那一刻开始，父母对男孩女孩的感觉就出现了差别。母亲更容易在女孩身上看见自己，而在男孩身上看见另一半。父亲忍不住对男孩心有戚戚，而女孩在他们心里就是娇柔的代名词。这些潜意识的标签在一定程度上决定了他们将如何对待新生儿。由于我们文化中的性别刻板行为模式根深蒂固，人们在对待男孩时更加勇武，而在对待女孩时更加轻柔。父亲喜欢把孩子抛向空中，母亲更多地倾向于把女儿保护起来，避免这类的游戏。我们对孩子说话的声音也会被自己过往的经历影响。对女孩说话的时候，话语轻柔平缓，同样的话说给男孩时就充满了激情和兴奋。

5. 身体知觉和意象。新生儿知觉的发育，特别是关于生殖器的认知，会影响到其自身性别归属的形成。由于男孩的生殖器比较外显，便于自己及看护者对其进行处置，男孩幼年时期进行的身体探索、手淫以及对自身生殖器的重视程度更容易导致成年以后男性露阴癖等生殖器外显行为。对女性来讲，更注重隐私，对生殖器的好奇及其含义的认知都更加内敛。由性别特征不同产生的对身体性别感官的不同体验，随着年龄的增长越来越深入,在整个生命进程中,持续影响着个人性别身份的认同。女孩通常要到长大以后才对自己生殖器及乳房的作用产生好奇和疑问。到了出现月经的年龄,这些好奇和疑问会格外地凸显。她的那些看不见、未使用过的生殖器官渐渐波动,使她开始对怀孕产生各种遐想。Robert Stroller认为这种遐想对女性性别认同的发展至关重要,是性别原发性论据之一(Stroller,1976)。在他看来,女孩的性别身份认同源自婴儿期。女性性别原发理论推翻了弗洛伊德理论的阴茎妒羡说。弗洛伊德认为,女人生孩子是为了满足她没有阴茎的遗憾。女人生孩子,是因为她需要一个物证证明自己身体的完整性。一个健康婴儿可以证明女人的内部器官的繁殖力和健康状态,解决她的"不可避免的"阴茎妒羡。弗洛伊德同时认为,女孩对生孩子的遐想也是她把自己和她无所不能、赐人生命的母亲相提并论的一种途径。这些早期精神分析理论假设源自社会的性别歧视,不仅在心理动力学方面将男性和女性分割开来,更是以女人渴望成为男性为出发点对女性心理进行解释。直到心理分析家Helene Deutsch发表了她的两卷《女性心理学》(*The psychology of Women*)分析,对女性心理发育的关注才开始起步。在她的分析中,她所强调的依然是女性对强权男性的妒羡。直到最近,分析人士才开始在年轻女孩的发育过程中寻找"女性核心身份",而不再坚持"阴茎妒羡"决定论。女婴的身体知觉和幻想是当时女性性别身份认定的理论基础。很久以后，孕期心理分析和新生儿早期调整方面的研究逐步完善了养育因素对性别认同的影响分析。

生儿育女的愿望

女人生育孩子的动机纷繁复杂、层出不穷，任何一个女人都无法将它们一一说明。然而，为了了解这些动机的复杂性和强大性，也为了理解妊娠中各种纷乱的因素，我们还是尝试从其中区分出了一些特别重要的动机，包括身份认同、自恋需求、旧情结再现等。

1. 身份认同。所有女人都会以某种方式体验到母性。在被养育长大的过程中，小女孩有时会幻想养育他人而不是被别人抚养。随着发育成长，她会模仿与她关系最近的女性的姿势。通过模仿，习得母亲的行为模式。她的这种行为可能会得到周围人的喜爱，从而肯定和强化了她对母亲和母性的潜意识身份的认同。

两岁的时候，小姑娘还在蹒跚学步，已经开始把洋娃娃或玩具抱在怀中。她把"宝宝"抱在左胸前，像妈妈给她哺乳一样，喂"宝宝"吃奶。她抱着"宝宝"轻轻地摇动，满含柔情地看着"宝宝"的脸，满心接纳，轻声吟唱。她抱着"宝宝"走来走去的时候，昂首挺胸，像成人一样步态坚定。刚刚学步的孩子走路时两脚通常分开比较大，步履蹒跚，摇摆不定，不过，一旦抱起自己心爱的玩具，她就变成了自己模仿的那个成年人的样子。她这时的身体姿势、动作节奏、面部表情和言语行为不是教导出来的，而是模仿得来的，她怎么被拥抱和牵手，她就怎么拥抱和牵拉她的"宝宝"，她对母亲和母性的认知，就成了她对自己的性别认同。这种行为高峰出现在两岁并非偶然，这与学步幼儿自主意识的突飞猛进有关。她既想自己当家做主，又想被人当作小宝宝对待，她的行为具有两种角色特征：独立的妈妈，无助的小孩儿。当被问及她抱着的"宝宝"的名字时，她给出的通常就是她自己的名字。两三岁的时候，她对"宝宝"所说的话反映了她这个阶段对自我认同的摇摆，她一会儿称宝宝是个"乖宝宝"，正是她自己想做到的样子，一会儿又称宝宝是个"坏宝宝"，也是她对自己的看法。随着她身份认同的发展，她的娃娃家游戏表明她正在与妈妈的形象融为一体。

到了五六岁，女孩有时会不再扮演自己在娃娃家游戏中常扮的妈妈角色，行为举止更男性化，拒绝玩洋娃娃或者"布宝宝"，更热衷于玩卡车或攀爬。当今时代，人们看到小朋友倾向于中性化，我们会见到有的女孩只愿穿裤子，在人面前，走路像男孩子一样大大咧咧。不过，只有她一人或是和妈妈在一起的时候，她会继续玩娃娃家游戏。

2. 追求完全，盼望全能。自恋促使儿童想要成为一个完整的人，幻想自己无所不能。"自恋"是一种激发自我形象持续发生发展的动力。人在进行自我遐想的时候，会出现追求完整和全能的自恋现象。自恋精神分析的基本理论假设认为，人追求使自己成为完整无缺的人，在实现这个理想的过程中，人的自我意识逐渐形成。这种想要自我实现的努力和一种与此相对立的力量——比如对客体关系的需求和盼望——自始至终交织在一起并相互作用，这里所说的客体指的是在自我以外、与自我相隔离的对象。人既想要无所不能，又受到性别的限制，还时常需要他人的鼓励和帮助，这些事实让人不断地看见自己的不足和不完全。理想与现实互相冲突，不得不妥协，这种妥协取决于个人的投资选择、爱慕对象、兴趣和追求。理想与现实的冲突，形成一种力量，促使产生新的关系、新的功能、新的解决方案（无论是正常的还是病态的）。

怀孕生子成全了人对完整性的追求。对于一些女性而言，怀孕使她们获得满足感，为她们成为完整的人提供了一个机会，让她们体验到身体的力量和潜力，消除了她们对身体不完整的担忧。儿童的游戏中已经存在"怀孕"的情节，不管是男孩还是女孩，他们都会把枕头塞到衣服下面扮演肚子鼓出来的样子，或者故意挺着肚子，假装怀孕。有些孩子出现肚子疼、肠胃出现问题等，这些现象的出现也许是在性别身份认定过程中，潜意识地在模仿成人怀孕特征的反应。

母亲常常会把梦想中的孩子看成自己的延伸，是她身体的一部分，这孩子使她多了一个维度，增强了她的自身形象，可以骄傲地展示给众人，通过孩子完成自己的自恋愿望显得更加明显。

3. **对融合与合一的渴望。**共生现象与追求自我完整并存，是与自己孩子的合一，也是与自己母亲的合一。共生愿望是人的自尊形成与发展的重要动力，对成年以后的爱的体现影响重大。怀孕期间，对共生关系的盼望使人沉迷在与胎儿的合一中。孩子出生以后，妈妈与其母亲之间的融合很大程度上影响着她与孩子之间依恋关系的形成与发展。未出生的孩子代表着一种亲密关系的承诺、孩童梦想的实现。

4. **自我镜像。**镜像是自恋的主要表现之一，是健康的自我形象发生发展的基础。人更容易对与自己相仿的人产生爱心。女人渴望孩子，某种程度上反映的是复制自己，孩子成为她生命的延续，使永生成为可能，也是理想、价值观、承诺的延续和家庭传统的传承。孩子是自己和父母及先人之间的连接。这种族谱观念产生一种连绵不断的盼望：孩子将要传承一个家族的特征和姓氏，他或许会继承家族产业，光宗耀祖。孩子出生所举行的各种仪式也强化了孩子与家族之间强烈的不可割裂的身份认同感。

"镜像"这个术语通常是用来描述妈妈在婴儿自我形象形成中的重要性,她是婴儿(无论是男孩还是女孩)自我形象的参照基础。婴儿通过母亲脸上的表情判断自己的行为效果,并逐渐认识自己(Winnicott,1958)。我们这里所说的"镜像"指的是女性盼望婴儿对她进行完美回应,使她看到理想的自己,印证自己多么胜任母亲的角色。任何威胁到自我形象的不完美的孩子都是不能被接受的。对孩子的渴望,也反映了人希望在孩子身上看见自己养育后代方面的创造性和能力。

5. 实现未竟理想的机会。家长把孩子看作扭转自己败局的机会。父母常常认为,自己做不到无所不能,但是孩子能。每一个人,不管多么年轻,只要想到孩子,作为父母都面临限制和妥协。他们发现,他们无法实现童年时对权力、美貌和力量的梦想。年轻人必须承认他们是凡人,他们的选择和能力有限,只能从事某个特定的职业,专注于有限的选择。

这个即将到来的孩子是父母逆转自身妥协和有限的机会,他承担起实现父母未竟理想的重担。他象征着完美,要继续父母对全能的艰苦卓绝的追求。就像科胡特(Kohut)在1977年所说的那样,这个还没到来的孩子不仅是母亲身体的延伸,还是母亲心中宏大的自我形象的延伸,他必须完美,实现父母潜藏的每一个未竟梦想。

无论是在日常生活中,还是在儿童精神科医生的办公室里，我们常常看见这样的现象：父母们特别在意孩子的长相、运动能力，以及学业成绩。父母推崇的价值观孩子必须遵行；父母的人生越是失败，他们迫使孩子成功所施加的压力越大。如果母亲渴望独立，婴儿就必须表现出能动性。如果爸爸认为自己文化水平低，那么，孩子必须得上哈佛！无论父母的梦想是潜藏的还是明显的，未来孩子肩负着要将这些梦想变成现实的不可推卸的使命。这些现象的产生缘起于父母害怕孩子重蹈他们的覆辙，像他们一样一事无成。必须抵制这种恐惧，这很危险，父母的失败很容易再现。

很显然，自恋心态不可避免地会影响到儿童的后期发展，也会帮助妈妈建立与孩子之间的依恋关系：在她眼里孩子必须独一无二，可以拯救她未竟的梦想，实现她对未来的盼望。否则，她无法将宝宝看作生命中最宝贵的、值得她付出全部注意力的人。她也无法无限降低自己，在孩子面前全然无我，形成温尼科特所说的"原始母性先占"（从怀孕后期持续到生产后第一个月，母亲与孩子融为一体，双方完全的认同，相互依赖）。

孩子出生以后，妈妈的自我追求完全转移到了宝宝身上，可以做到完全忽略自己的追求。她实现自我的野心也被忽略了，在未来的日子，宝宝会实现她一切的未竟理想和野心。妈妈对宝宝的各种自私行为全然包容，满足宝宝的各种要求，就是实现自己的需求和盼望的表现。妈妈奉献给孩子的越多，她的成功越大,越能满足她内心的自我理想和期望。

大自然给了妈妈9个月的时间处理因将要到来的孩子而产生的疑虑、恐惧和不安,对完美宝宝的憧憬可以冲淡这些负面的情绪。等到宝宝出生,妈妈的创造力得到印证,宝宝的出生也证明了她身体功能健全,她的未竟理想和愿望获得了实现的可能。这种愿景让妊娠期间的妈妈可以保持乐观,不致过度怀疑和焦虑。

6. 重修旧好的愿望。盼望生子,通常也是希望通过孩子与过世的亲人重建联系。孩子承载着与逝去亲人恢复联系、重拾童年之爱的愿望,带着父母生命中重要人物的各种特性。人们常常戏剧化地把孩子看作过世的父母、兄妹或者好友。让人惊奇的是,妇女常常在失去某位至亲以后怀孕(Coddington,1979)。

孩子的出生有可能使旧的关系得到更新。我们将在第4章详细探讨这种情况对早期互动的影响。更新旧的依恋关系是怀孕生子的动力之一。人们总是盼望孩子身怀神奇的力量:使分离弥合,减轻和缩短死亡与失去带来的痛苦。

婴儿虽然刚刚诞生,却不是陌生人。在父母眼里,每一个即将到来的孩子都是一个新的机会,可以唤醒某些沉睡多年的依恋关系。与过往亲人之间的情感将会重现,并得到释放。

我们在进行分析的时候,常把即将出生的孩子称为移情对象,也就是说,潜意识中,父母过往的情感和关系被移情到孩子身上。这种移情使过往的、已逝的亲密关系获得复活,具有治愈效果。在这种意义上,我们把孩子称为治愈者:他承载着唤起过往沉睡关系的使命。

7. 替代自己母亲或与自己母亲相分离的机会。女人盼望生养孩子,常常会经历一种双重身份认定。基于对自己母亲以及对自己婴儿时期的认识,女人幻想生养孩子,会同时从自己的母亲和婴儿两个方面对自己进行身份认定,她既是一个婴儿,又是一个母亲。怀孕使她多年来一直想成为自己母亲的梦想得到实现,自己变得让人艳羡的神奇起来。她终于可以与她无所不能的母亲平起平坐了,一改往日在母亲面前的臣服和卑微。如今,她的母亲为失去生养能力而哀叹,她却成了象征生命之源的大地母亲,实现了她的创造潜能。虽然这种情形有时让她对母亲感到负疚,却也使她的自尊得到更新。盼望生养孩子,有时也是希望建立她心目中母亲的形象,这形象曾因自己内心的嫉妒遭到了破坏。女人有可能出于感恩,想要把孩子献给母亲。妊娠期间,她强烈地记起她与母亲之间的关系,这种关系重现有可能表现为关于母亲的梦境、对母亲的恐惧,或者是与母亲的和解。生养孩子也有可能带来新的关系,如果新关系充满冲突,它的发展会受到阻碍,冲突也会加剧。

以上所陈述的各种渴望和憧憬,并没有涵盖促成生养孩子的全部力量和社会影响，不过，我们希望这足以说明生养孩子的盼望本身是多么的复杂和强大。身份认同、健康的自恋需求、重现旧好的渴望等使得一个女人成为母亲，抚育后人。在重整梦想与情感的同时，女人启动了与宝宝建立依恋关系的历程。

2
依恋关系的开端

妊娠

9个月的妊娠促使准父母不仅在心理上,也在生理上做好了为人父母的准备。心理上的预备,无论是潜意识的,还是有意识的,都与女人妊娠期间各个阶段的生理状态息息相关。9个月以后,大多数父母会感觉一切圆满、水到渠成。一旦这个时间被缩短,比如发生早产,父母就会感到突兀和缺憾。其生理上会出现混乱,心理也会受到伤害。

妊娠期间,可能会出现心理混乱和焦虑。这个阶段,人变得畏缩不前,对其他家庭成员的依赖明显加重,这种现象很常见。一想起对宝宝的责任,就让人着急。身份调整期间,准父母的这种心理退缩和衰退是必需的。焦虑会促使即将为人父母的两人对内心的挣扎和矛盾进行早期干预。新旧情感交互调动，可以更好地调整身份，为迎接宝宝做好准备。

无论是准父母自己，还是关心或照料他们的人，都必须了解妊娠期间出现的情感力量和矛盾情绪。产科检查的时候，无论是相关产科医生、护士、儿科医生，甚至心理医生，都必须允许准父母尽情表达他们正负两方面的情感。根据我们的经验，精神病学家和儿科医生对妊娠期的关注点不同，就像他们对生命中的其他重要阶段的看法也各不相同一样。前者处理的通常是各种危机和困境，对妊娠期间潜在的神经及心理问题比较敏感。后者关注得更多的是一个母亲为了孩子的利益重新调整自己人生的神奇能力。作为本书的作者，我们将从这两个不同的角度，对妊娠期的不同阶段进行剖析，追踪其间父母依恋关系的起源。

妊娠期间的行为可以分为三个不同的方面，每个方面都和胎儿发育的不同阶段息息相关。在第一阶段，父母进行各种调整以适应刚刚获知的怀孕的"消息"，这个阶段通常伴随着母亲身体的一些变化，但是还看不到胎儿确切存在的迹象。在第二阶段，父母开始体察到胎儿的存在，并且认识到它最终将与母亲分离。这种认识始于第一次胎动，胎儿通过胎动宣告了自己的存在。最终，在第三阶段，也是最后阶段，通过胎儿独特的动作、节律和不同程度的活动，父母开始越来越多地认识到即将到来的孩子是个独立的个体。

2. 依恋关系的开端

第一阶段：获知孕信

"我怀孕了！"

在过去，妈妈要等到自己例假中断才能确认怀孕。乳头的颜色发生变化、"晨吐"、困乏等症状出现，进一步印证了怀孕的事实。现在情况不一样了，父母可以通过医生进行孕检获得怀孕的消息，甚至可以在家里自行进行早孕测试，通过早孕试纸的化学变化就能确认是否怀孕。

不管用什么方法，无论在什么时候，一旦获得怀孕的消息，父母就知道他们的生命从此迈入了新的阶段。他们对自己父母的依赖必须改变，以适应即将到来的重任。夫妻间一对一的直线关系从此变成了三角关系。

刚获得消息的时候，父母通常都会非常兴奋，这种兴奋很快就被即将承担的责任所替代。计划怀孕的时候，在某些层面上，父母可能已经对各种责任有所意识，当怀孕成为事实，责任意识会进一步地调整，再过些日子，就不再有回头的可能了。

怀孕这事儿开始变得郑重起来。即将为人父母的前景将他们从成年带回童年。没有一个成人认为自己的童年是完全快乐的。每一个青少年都会经历成长的挣扎，面对各种成长危机，怀孕的时候，这些挣扎再次鲜活起来。大多数准父母首先设想的是做一个完美的父母，避免孩子经历自己童年的痛苦。"从没人像我母亲那样。""我父亲努力了，但是他做的每一样事情都是错的。""我当然希望自己做得比他们好。"父母一直在思考如何才能做得更好，保护孩子远离不完美的世界吗？或者，帮助孩子避免他们经历的不好的事情吗？后者的可能性更大一些。就像前面所提到的那样，所有的父母都希望帮助孩子胜过力不从心、无能为力的感觉，使他们免遭自己曾经的失败。这样，父母的无能被战胜了，他们变成了无所不能的养育者，做好一切准备，就要生养一个完美宝宝了。

准父母们一边美美地幻想着，一边充满了各种矛盾。在某种程度上，所有准父母在身份转换的过程中都会思考为什么要为人父母这个问题。"我真的想成为一个妈妈/爸爸吗？如果缺乏真心想成为父母的愿望，是不是会伤害到宝宝？恐惧和负面情绪会不会伤害到未出世的孩子？"特别是孕妇，在孕期调整阶段，她投入的关注越多，这些担心就显得越真实，使她变得脆弱不堪。所有的孕妇连做梦都担心会生出一个有缺陷的孩子。不仅是做梦担心孩子畸形，就算是清醒的时候，她们也常常会一再演练如果孩子残疾她们该怎么办。怀孕期间，无论是读到还是听到任何有关胎儿可能遇到的威胁，她们都会时不时地一再忧虑。关于药物、食品、烟草、酒精、污染对胎儿发育影响方面的大量信息包围且困扰着孕妇们，越发加重了她们内心的恐惧。

为了战胜内心的恐惧和矛盾，准妈妈必须调动更大的防御系统，把婴儿理想化、完美化，确认这正是她渴望的孩子。努力战胜消极情绪，可以增强为人父母的愿望，相信自己是完美父母。

怀孕的妇女在矛盾中痛苦挣扎，特别需要他人的帮助。医生、护士或者有经验的朋友可以帮助到她们。在这个阶段，准妈妈对帮助她的专业人士非常依赖，渴望他人能理解她的各种强烈情绪，盼望自己成为理想的好妈妈。专业人士、家人或朋友能不被她这个阶段的依赖表现压倒，理解、接纳她的这种暂时性表现，会有效地帮助她建立稳固的家庭。

这个阶段，很多孕妇会变得自我，倾向于一个人独处。荷尔蒙分泌等其他生理过程在这个阶段重新调整，以适应新情况、新情绪，达到新的稳定需要花费很多时间和精力。晚上做梦，白天做白日梦，日思夜想都在试图理清各种强烈的内心矛盾。如果内心的情况都能处理得好，孕妇最终会生出强烈的愿望，去拥抱新角色。不过，在努力的过程中，孕妇会消耗自己和家人的巨大能量。她可能会与之前的亲戚生疏起来，因为自己的状况无意识地责备配偶或家人，有时甚至暗自得意。有些孕妇会认为自己是被迫怀孕，这种感觉多会出现在孕妇适应新角色时压力过大、责任过重、社会关系或经济状况欠佳的情况下。

孕妇面临的第一项任务是接受"外来躯体"植入自己身体的事实。她可能会感觉胚胎是被配偶强行植入的，因此暂时性地想要远离那个在她身体里种植胚胎的人。由于身体防御系统开始降低，逐渐接受和保护这个"外来躯体"，妈妈必须日益把将要到来的宝宝当作是自己健康良好身体的一部分。

通常，在适应新情况的过程中，女人会去寻求自己母亲或者婆婆的帮助。不过，这时她通常也会很矛盾。晨吐等其他生理症状一方面可以刺激她有意识地积极调整以适应新身份，一方面又有可能会引起她很多的消极矛盾心理。所有刚获知怀孕消息的女人都会既惊喜又失望，充满矛盾。当感觉自己无助又无能时，她们甚至希望自己立即流产才好。孕期出血，出现流产危险，或者真的流产了的时候，她们又满心失望和愧疚。只有当我们前面所说的所有积极因素和这些情况相互合力，才能成为孕育的动力，驱动孕妇渐渐适应新身份，积极盼望未来的日子，为后期的数月孕育储备好能量。

第二阶段：独立生命的萌动

通常情况下，妈妈会在怀孕5个月的时候首次感到宝宝的胎动，这时的胎动表现为轻微的宫缩，幅度不大，后期将渐渐变得活跃起来。对准父母来讲，继确认怀孕消息之后，第一次胎动是孕期的第二个标志性时刻。这个消息会被迅速传递给丈夫、家人和朋友。

直到这一刻，母亲和未出世的孩子还是一体的。生命第一次搏动之前，母亲的自恋幻想与宝宝还是融合在一起的。从心理学的角度来说，正是在第一次胎动的时刻，孩子开始"孵化"了。可以说，最早的依恋关系就是从这一刻开始的，从此，胎儿从母体独立出来，具备了关系建立的必要条件。胎动是未出世的孩子第一次参与关系的建立。

母亲意识到胎儿生命的时刻，潜意识里开始定位自己的身份。她的各种假想都建立在她自己婴儿期与母亲的关系上。关于这种双面假想，Dinorah Pines 在报告中举了一个鲜活的例子：有一个患者，总是做梦，在一些梦里，这患者比当下怀孕的自己年轻很多；就在生产前不久，她梦到自己成了一个正在胸前吃奶的婴儿。"就这样，作为妈妈的自己和作为婴儿的自己融合在了一起"（Pines, 1981）。宝宝越来越具体化，超声波图像已经可以测到胎儿，母亲的身体出现肉眼可见的变化，孕期出现各种新现象。母亲对自己的定位与这个越来越凸显的胎儿以及她自己与母亲的共生融合在一起。母亲通过假想"回到子宫"，使她没得到满足的依赖需求和共生愿望重新获得满足。这就像是，妈妈通过默想未出世的孩子，"重启"她和母亲早期关系中的美好回忆，为自己鼓劲加油。这种现象看起来颇让人费解,就像刚刚学走路的孩子飞奔回母亲身边,以便寻找动力继续远行一样(Mahler 等人,1975)。Pines 指出,怀孕提供了一个机会,让母亲得以解决她成长过程中的离别冲突,将她的原生共生关系推入了一个新的阶段(Pines,1981)。

这种回归也会引发活动冲突和病理反应,由于唤醒了准妈妈和自己母亲之间强烈的融合,这有可能对母亲的身份认同造成威胁。如果准妈妈依赖性过强,依赖需求没有被满足,比如,一些少女母亲有可能会把胎儿——后来的婴儿,看作竞争对手,把婴儿当作嫉妒成性的同胞一样对待。在这种情况下,养育孩子成了沉重不堪的重负,准妈妈的需求很难得到满足。另一方面,如果母亲与婴儿的共生身份认同发展顺利,就会给母亲带来新的心理力量,她对婴儿的认知也会得到源源不断的更新。

认识父亲的角色和作用,可以帮助母亲将婴儿和自己区分开。如果她能认识到怀孕是孩子父亲和自己共同作为的结果,是孩子父亲"想要孩子"的盼望引起的,就可以避免陷入孩子是她自己一个人制造出来的幻觉。选择做单亲母亲的女人,特别是那些选择人工授精的女人,更容易被这种幻觉缠绕。在她们心目中,男人只是使她受孕的工具,甚至有些女人直接使用精子库,这些女人通常认为,孩子完全是自己一人创造出来的。

认识父亲的角色和作用,不仅可以帮助准妈妈们将胎儿和自己区分开,避免陷入各种假想,还可以让她明确知道无论成功还是失败，不是她一个人独自担当，这可以减轻她对新身份产生的无所适从、内心恐惧和焦虑的状况。如果她和父母之间充满怨恨和冲突，这些情愫就会投射到未出世的孩子身上。如果父母之间关系融洽，父亲一心履行在合作养育中的责任，不从自己的角色中逃离，母亲就会得到机会将孩子看作独立的个体，知道孩子具有独立成长的潜力。在后面的章节中，我们会看到，生养孩童的愿望也蕴含着父亲的承诺，促使他与未来后代建立依恋关系。

　　胎动使妈妈认识到宝宝的真实性，有可能会加重母亲对自我的质疑。她常常毫无预感地突然沮丧起来，或者突然兴奋起来。她对宝宝的设想越来越具体，开始梦想完美男孩或者女孩。她对性别的偏爱也开始显露出来，同时，她也担心自己对性别的偏爱会对胎儿造成伤害，因此，她可能会抑制自己的盼望。知识分子型准妈妈对孕期挣扎格外忧心，当被告知所有女人孕期都会担忧时，她们表现得异常吃惊，大受安慰。

　　怀孕期间，孕妇会在心中一遍又一遍想象如果婴儿不正常该怎么办。直到婴儿出生之前，孕妇会没完没了地担心孩子可能出现各种问题。晚上做梦担心，白天念叨也担心，如果她的孩子患有唐氏综合征该怎么办？脑瘫怎么办？她在娘家或者婆家听到各种不正常孩子的情况，如果自己的孩子是其中任何一种怎么办？如果在孕期没为这些可能的情况做好准备，她就会沮丧至极，再没有比这种沮丧更严重的了，哪怕是早产或者生了一个残疾儿也无法与此相比。她一边调动各种力量和她一起没完没了地排练应急处理，一边为梦中"完美孩子"的丧失而哀恸，她辛苦孕育期盼的不就是个"完美孩子"吗！

　　羊膜穿刺技术和超声技术可以让人们看见胎儿以及胎儿的发育状况，这些技术对人们适应婴孩以及自己的新角色方面产生的效应非常复杂。虽然母亲（包括父亲）宣称特别渴望知道孩子的性别（羊水穿刺技术可以做到），但让人吃惊的是，高达40%的人并不希望被告知结果。孕妇在怀孕第三个月照超声波影像时，带着好奇和惊奇观看屏幕上的胎儿图像，满怀敬畏和恐惧，不敢透过表面看得过深，从此内心开始进行各种调试，调整对胎儿既怕又爱的矛盾情感，母亲还没做好准备面对宝宝的真实性。很多第一次怀孕的女人，在屏幕上看到胎儿的活动时，表情非常复杂。在她们眼里，胎儿还不完全，外形还不完整。她们常常把目光转离屏幕，仿佛看见的形象太恐怖，让人无法承受。"这孩子是真的吗？""他看起来那么小、那么无助！"当产科大夫说胎儿一切正常时，她们简直不能置信，需要一再和大夫进行确认。这种情形要一直延续到怀孕第五个月，在这之前，胎儿在准妈妈眼里一直是个几乎看不清、一团阴影似的物体，非常不真实，脆弱，可怖。这种感觉正反映了母亲自身的矛盾挣扎，她需要更多的时间接受这个孩子。

Elizabeth Keller是我们在波士顿儿童医院诊疗中心的同事，从事儿童发展研究。她将两种父母做了一个对照，一种是通过羊水穿刺或者超声技术提前知道胎儿性别的准父母，另一种是直到孩子出生才知道孩子性别的准父母（Keller，1981）。有人认为，提前知道孩子的性别可以增强父母与孩子之间的依恋关系，促进新生儿早期人格发展。事实证明，完全不是这样！孩子出生以后，提前知道宝宝性别的父母需要花费更多的时间认识孩子的人格和个性。似乎冥冥中，运行着一个保护系统，防止父母和孩子之间过早建立依恋关系。与具有独立人格的婴儿建立依恋关系需要时间，似乎上苍不允许早早将关系固定下来。这也引出了早产儿调节的问题，他们的依恋关系建立过程被提前了。

第三阶段：了解将要出生的宝宝

孕期最后几个月，胎儿在父母心目中越来越独立，越来越真实。通常情况下，在这个时期，婴儿的名字已经取好了，婴儿房也准备好了，母亲的产假也请好了。父母在慎重地为婴儿择选名字、挑选衣服、油漆房间的时候，已经开始将胎儿人格化。与此同时，胎儿也开始进入角色。胎儿的动作和能力水平开始有规律地循环，母亲依据这些规律做出回应，这些回应可以被看作某些形式的早期互动。母亲能开始读懂这些规律，想象未出世宝宝的脾气和性格，有时甚至认定了宝宝的性别（Sadovsky，1981）。有些孩子的母亲，会把这个胎儿和她已有的孩子进行对比，为这个未出世的孩子贴上各种标签，"安静""好动""舞蹈家""足球运动员"，等等，并且明确了这些标签的含义。就像是通过这样，母亲将胎儿人格化，婴儿出生的时候就不会是个陌生人了。

当代的超声波技术已经印证了数世纪以来人们对孕妇的各种观察结果。胎动的形式丰富多样，父母据此对他们未出世的宝宝做出回应，赋予他独立的人格，为了理解这其中的关系，我们大致地浏览一下有关胎儿发育的已知信息。

1. 胎动。新生儿的全部动作模式在胎儿身上都能看到（Milani Comparetti，1981）。婴儿的大部分动作在怀孕期间就已经开始发展了，为出生后的适应做准备。比如，我们现在已经知道，呼吸运动早在怀孕的第13—14周的时候就开始出现了。这时的呼吸运动急速、没有规律，伴随脑部低压、高频的"皮质电"活动（Boddy等人，1974）。胎动一直是人们特别关注的对象，可以通过非侵入性的方法对胎动进行研究，并且可以为诊断提供参考价值。有一个极端的例子，胎动明显减少或停止预示着有可能出现胎儿死亡。胎儿的运动受酒精、烟草、镇静剂、母亲情绪压力等各种因素的影响。

在新的成像技术帮助下,人们发现,胎儿的运动强度和形式在妊娠的不同阶段一直都在发生变化。

孕6—7周的时候,胎儿的身体会出现平缓的圆周运动,随着时间的发展,胎动会变得复杂起来。

孕13—14周,可看见屈伸动作,手的开合,吞咽运动,呼吸运动。机械刺激会让胎儿产生惊吓反应,胎儿已经有能力适应刺激。

孕15周左右,胎儿开始吮吸自己的手指。

孕16—20周期间,妈妈第一次感觉到胎动。

孕20—21周,可以看见手指和脚趾的指节运动,以及眼睑的眨动。

孕26—28周,声音刺激会引起惊吓反应、躯干和头部旋转、心率加速(Janniruberto & Tajani, 1981)。

不同的胎儿胎动差别非常大。有记录显示,胎动的平均数从第20周的日均200次到第32周的日均575次不等(出生时的胎动平均数是282次),不同胎儿的胎动差别在50～956次之间,差别范围极大。

在80%～90%的案例中,母亲自己对胎动的测量与客观测量数据相同。胎动受各种刺激影响,在声和光的刺激下,胎动增多。在超声波的刺激下,90%的母亲胎动会增多。触摸和按压母亲的腹部,也会引起胎动。

2.周期性活动。在胎儿身上可以观察到新生儿的很多意识状态——安静、警惕、沉睡、REM睡眠（快速眼球运动睡眠）等（见本书第二部分）。这些状态具有周期性。通过20年的观察发现，母亲睡觉的时候，胎儿的静息—活动周期表现为40～60分钟（Sterman，1967）。最近，这种周期有所变化，无论在母亲清醒还是睡眠状态下，静息—活动周期变为40～80分钟（Granat等人，1979）。人们也发现了明显的胎动昼夜节律（Roberts等人，1977）。观察发现，胎儿活动的这种周期性与胎龄、胎儿性别、出生体重以及新生儿行为评估（比如阿普加评分）无关，相反，它似乎与胎儿内在生理特性有关，并可能受到母体活动的影响。

在怀孕后期，任何一个孕妇都能说出胎儿的活跃时间。大多数孕妇说，胎儿运动的高峰出现在她们自己不活跃的时候。虽然要考虑孕妇休息时候的清醒度，但她们的这种说法还是让人信服的。胎儿有可能会根据母体的静息—活动周期进行自我调整，使自己的活动周期与母体的相反。母亲活跃的时候，胎儿就安静。母亲安静的时候，胎儿开始在子宫壁上"爬行"。人们认为母亲运动后休息时，肌肉运动乳酸含量达到峰值，会刺激胎儿的运动。胎儿可以预见母亲的运动节律，并以此调整自己的运动节律，这一现象向母亲进一步显明他是一个独立的人，一个可以"适应"她和她的生活压力的人。

我们要求妈妈们记录胎儿的静息—活动，有意识地对胎动周期观察三两天后，就能精确预测胎动时间。胎儿的行为有规律、有条理，循环往复。胎动的各种状态越来越明显，妈妈对胎动的感受越来越清晰。在孕期最后的三个月，孕妇已经可以分辨出胎儿是在（1）熟睡（安静，对外界刺激基本没反应，偶尔肢体突然痉挛一下）；（2）浅睡（安静，但是伴随手脚的重复运动、打嗝，或者四肢、躯体缓慢蠕动）；（3）活跃、清醒（"爬"子宫壁，伴随激烈猛戳等剧烈动作）；（4）警醒但是安静（显然在等待接受外部刺激，运动平缓且更加直接，通常都是因外部刺激而起）。

3.对刺激的反应。在所有出生时很无助，需要被照顾才能长大的物种（晚熟雏）中，人类是唯一在出生前所有感觉系统就已经齐备的物种（Gottlieb，1971）。神经末梢接收器、髓鞘化完成之前，已经出现了未成熟的神经末梢功能。很显然，外界刺激对感觉器官的发育成熟起着很大的作用，增加或减少外界刺激，感觉器官的成熟速度就相应加速或减缓。

早在怀孕第49天的时候，只需轻轻碰触胎儿唇边的面颊，胎儿就会把头弹开。孕90—120天期间，胎儿努力保持头部平衡的时候，开始出现"矫正反射"。孕6个月左右，胎儿已经能对声音刺激产生反应。记录显示，这个时期，胎儿的心跳频率会随声音刺激发生变化。

在孕期最后三个月,非侵入性技术可以探测到胎儿皮质的离散性诱发反应(Rosen & Rosen, 1975)。胎膜破裂后,胎儿头皮电极对声音、触觉、视觉方面的刺激产生丰富的反应。根据胎儿对这些刺激的适应性,可以估量新生儿的健康状况,如果胎儿的反应一直没有变化,有可能他正处在某种压力之下(Hon & Quilligan, 1967)。母亲的观察与超声波对胎儿行为的监控结果相同,因此,儿科医生确信,在孕期最后三个月,胎儿可以对视觉、听觉和动觉刺激等做出恰当的反应(Brazelton, 1981)。

将一束明亮的光线照射在母亲腹部胎儿视线可及的地方,胎儿会惊跳,如果光线柔和,胎儿就会主动平缓地转向光线。母亲腹部附近产生的巨响也会使胎儿惊跳,同样,如果声音柔和,胎儿就会向它转动。胎儿在安静状态,比如睡眠时,对刺激的反应微小,较难预测,胎儿对这些刺激的适应更迅速。胎儿对外界刺激的不同反应可以看作是对母亲发出的信号。如果这些信号与母亲的反应相对应,母亲和孩子之间就可能已经开始产生同步反应了。

胎儿尚在子宫里时,就已经习惯了母亲睡眠—苏醒的节奏,以及母亲的各种反应模式。新生儿不仅在子宫里体验了母亲的节奏,也越来越"熟悉"母亲发出的听觉和动觉信号。难怪新生儿更加偏爱女人的声音而不是男人的声音(Brazelton,

1979)。胎儿在出生前已经为出生后应对各种刺激做好了准备，形成了出生后的"适当"反应模式。

与此同时，父母对宝宝的了解也越来越多。孕期结束的时候，妈妈感受到胎儿的反应种类越来越多。她们说：听到巴赫音乐，宝宝会舒缓地、有节奏地轻轻踢腿；听到摇滚音乐，宝宝的反应则完全相反，动作剧烈又迅猛。说起宝宝的反应，妈妈们总是充满自豪，认为胎宝宝已经是一个意识清晰、反应敏捷的小人儿。胎宝宝不仅对环境意识敏锐，也做好了面对环境的各种准备。在这个阶段，父母开始认识到宝宝已经足够强壮，可以应对外面的世界了！父母越认为他们尚未出生的宝宝又能干又善于互动，他们就越有信心，相信宝宝有能力应对即将到来的生产过程。

越接近生产，母亲就越怕伤害到宝宝，这种恐惧越明显、越深刻，以至于孕期的最后几个月里，几乎没有哪个孕妇能将这样的恐惧说出来。她们必须抑制这种恐惧情绪，否则会因压力过重而崩溃。为了与这种恐惧抗衡，父母们开始把胎宝宝看作独立的小人儿，根据胎儿运动以及胎儿对外界刺激的各种反应，赋予胎宝宝相关的个性。妈妈越是认为胎宝宝是与她相独立的人，就越能保护她自己不再沉浸在担心自己无能为力的恐惧中。妈妈若认为自己的胎宝宝强壮而又坚韧，她甚至可以把孩子看作盟友，和她共同完成艰难的分娩任务。

生产

在怀孕的40周里，胎儿的成长与母亲对胎儿成长发育的设想同步进行。如同我们在前面章节看到的，母亲对孩子的设想建立在自恋需求和遐想之上，也与胎儿的各种发育表现息息相关，比如，胎动初觉、胎儿活动、刺激反应模式等。所以，当生产来临的时候，母亲已经做好了充足的准备，应付（1）胎儿剥离母体的冲击；（2）对婴儿的适应；（3）一段新的关系，这关系把她的需求和幻想与一个独立的小人儿联结在一起。怀孕不仅是生产演练和期待的过程，也是旧的关系得到重组的机会，同时，这也是一个实现理想与认清现实之间持续冲突的过程。

生产的时刻终于来临，母亲必须做好准备建立起新的亲密关系，并且进入让人惊异的状态，这种状态被温尼科特称为"常见病"的一种形态，母亲异常投入，俨然"和宝宝同穿一条裤子"（Winnicott, 1986），无论宝宝怎样，妈妈都感同身受。生产时，妈妈要面对如下艰巨任务：

1. 与胎儿合为一体，突然终结；怀孕所带来的自身完整性和全能性也突然终结。
2. 适应陌生的新人。Michel Soule 称这种感觉为"熟悉的陌生人"（Soule & Kreisler, 1983）。

3. 哀悼臆想的完美小孩，适应新生儿的特性。
4. 担心伤害无助的小孩，比如，担心给宝宝洗澡时把宝宝溺死，第一次做妈妈的人产生这样的忧虑很常见。
5. 学习包容和享受宝宝对她的全然依赖，承受宝宝的一切欲求。比如，她必须忍受宝宝对她的强烈的口腔欲望，并以她的身体来满足他。

以上这一切，意味着一场重大的心理剧变。新妈妈必须经历一次彻底的改变；她之前持守的立场、她的依恋关系以及她的形象都要改变。事实上，这种巨变非常普遍，经历之后，母亲将获得新身份、新情感、新能力，使她能够面对和适应新的不可回避的现实（Brazelton, 1981）。

在这期间，她的丈夫、家人、医生等对她的帮助和支持极其重要。例如，生产前去医院约见未来的儿科医生对未来很有帮助。年轻的父母尤其渴望与关系到孩子未来福祉的人建立良好关系（Bibring 等人，1961）。与儿科医生的会面即使非常短暂，也能减轻父母对未来的恐惧，并可以为今后的例行互访做好准备。有时候，这关系到父母内心的一种渴望，他们希望医生确认准妈妈妊娠状态良好，足以胜任分娩任务，以减轻母亲因不自信而产生的内疚，帮助她确信她的身体能够孕育并生产出健康的孩子。

母亲全力以赴面对以上各种重任时,除了儿科医生和产科医生以外,她还有两个重要的盟友——婴儿和父亲,他们会和她一起应战。在接下来的一章中,我们会看到,婴儿的父亲也将要经历各种剧变,与妈妈的经历大同小异。在本书第二部分,我们也将会看到,在新生命的成长中,新生儿带着强大的能量,从一开始就在亲子依恋关系的建立和持续发展中起着不可或缺的作用。

3

依恋关系中的准父亲

和女人一样，爸爸与孩子之间的依恋关系受到爸爸童年经历的影响。男孩在婴儿时期开始与母亲相识，第一次领略母亲的生育和养育能力。在他眼里，母亲无所不能，可以满足他的一切需求，带给他所有的刺激和看护。他幻想自己能像母亲一样具有超能力，有些男孩也会把枕头塞在衣服里模仿妈妈怀孕的样子，假装自己也怀孕了，在过家家游戏中，他会动作轻柔地扮演照顾玩偶的角色。在这充满幻想的游戏中，基于对母亲的认识，他的核心身份认同建立了起来。他的身份认同同时也受到父亲的影响。在这两种对立力量的相互作用下，男孩的身份认同逐渐确立。男孩从母亲而来的核心身份认同必须与他由男性化行为渐渐引发的身份认同相调和，两种身份认同必须合一。为了解决这种两难问题，出现了"大男人气概悖论"（Bell，1984），这不仅影响到男孩身份认同的后期发展，也影响到他未来做爸爸的经历。在协调的过程中，会出现很多种情况，包括性别认同困难，或者由于"大男人气概"的影响，固执地否定自身的任何女性化表现。不过，如果调和均衡，男孩在未来就能够接受自己的养育者身份，认同在女人孕期中自己的角色，乐于做孩子的爸爸，参与对孩子的照料。在这种身份认同冲突中，男孩逐步成熟，直到胜任爸爸的角色，担起照料孩童的责任。

在传统意识中，说起父亲就让人想起"冷冷的"、距离感、严厉等形容词（Bell，1984）。不管这些感觉是否正确，事实上，在过去的日子里，大多数男孩并不记得他们的父亲曾经参与对他们的日常照料。人们对男人的这种认识是一种偏见和刻板印象吗？还是事实果真如此？男人参与养育孩子的付出是否有可能远超过人们的想象？他们是不是故意用冷漠和疏远遮盖自己内心和行为上所谓的"女性化"表现？男人身上是否一直存在养育孩童的能力，只是一直以来这种能力被抑制了，不允许男人有所表现？现在，父亲对他们怀孕的妻子和孩子表现出积极的依恋关系，难道不是因为他曾经在父母身上看到这样的榜样？无论怎样，父亲总是给他们留下一些养育孩子的方式，只是这方式远不能与母亲的投入相比较。在未来，这种状况是否会改变？或者，这种不平衡蕴含的到底是什么深远的含义？

男孩长大成人直到为人父母，就是逐渐放弃想要变成母亲的样子、像母亲一样生育小孩的梦想的过程。有些人一辈子都没有完成这个任务，对女人能生育心怀嫉妒，拒不承认自己与怀孕无缘的现实。潜意识里，他们具有某些原始部族的"父代母孕"情结（也就是男人显出怀孕和分娩的状态）。或者，他们会逃离，在妻子怀孕期间消失，完全不介入。男人一旦战胜这种幻想，就会得到升华，感受到自己的创造力，在妻子怀孕期间，越发提升自己的专业能力，有的甚至因而成了生育领域的专家。

男人对孩子的渴望

男人渴望孩子，正如我们之前说到的那样，源于男孩向往可以像妈妈那样怀孕生子。弗洛伊德讲述了一个男孩的故事，这男孩名叫汉斯，5岁，成天幻想着能像妈妈一样，为爸爸生一个孩子，这是一个典型的例子。导致男孩有这样想法的其他决定性因素和女人类似，就像前文对女人的介绍一样，男人试图通过孩子满足自恋需求，实现自己完美、全能的梦想。这是男孩子们的普遍愿望，他们也盼望通过孩子再现自己的形象。这可能也是父亲通常都盼望男孩的原因之一。印度的宗教文献《摩诃婆罗多》有记载说，父亲自己生为儿子，他通过把自己的精子放进子宫里，就让自己被孕育了。男人似乎比女人更强烈地渴望复制自己的性别，这可能反映出男人身份更需要被鼓励和确认，因为男人身份一直在被不断挑战。根据本书作者伯特兰·克拉默的经验所知，几乎所有被建议接受双性心理治疗的孩子都是男孩。

对父亲来讲，男孩比女孩更容易继续实现他未竟的野心。父亲更关注儿子们的成就，关注他们的运动技能、认知技能和学术成绩。男孩承载着支撑父亲大男人气概的使命，看到儿子软弱、缺乏安全感、没有活力，父亲就会焦虑，正是这个原因。儿子的软弱貌似加深了父亲的不自信，对父亲的社会形象伤害极大。造成父亲这种强烈身份认同的原因之一，可能是男人内心深处认为自己可以影响儿子的男人气概，却无法影响女儿的女性气质。

正如我们所看到的，女人渴望孩子是为了消除对自己怀孕和生育能力的怀疑。同样的，男人是为了证明自己具有可以使妻子受孕的能力。进一步说，男人养育孩子也是为了在孩子身上继续彰显他的男子气概。虽然现在人们对性别角色的刻板印象正在改变，但父亲想要在儿子身上复制自己的男子气概和权力的欲望依然强烈。

父亲和母亲一样，也需要与过去的重要人物重新建立关系，他们希望自己的孩子能提供这种连接。父亲希望确保继承人的传承，弗洛伊德在《梦的解析》中说："这是我们通往不朽的唯一途径"(Freud, 1955)。弗洛伊德给他儿子们取的名字要么是他所爱慕又爱他的老师的名字,要么就是他所钦慕的某个历史人物的名字。用自己从父亲那里得来的名字命名儿子,也是关于传承的一种印证,想要在孩子身上看见自己所爱的祖先的特性。

俄狄浦斯情结也促使男人想要孩子,生养孩子不仅显明自己和父亲平等,养育孩子还能证明自己比父亲养得更好。每个父亲都下决心要成为更好的父亲。现在,有大量的关于如何养育孩子的书籍和信息,男人希望借助这些丰富的信息,能比依据传统方法和技能养育孩子的父亲做得更好。

上面所有线索交织在一起,促使他们想要生养孩子,这既引发了新的冲突,又为解决旧冲突提供了新的解决方案。妻子怀孕是男人身份得以稳固的重要时刻,随之而来的将是紧紧缠绕着母亲的焦虑和自我怀疑。和女人一样,怀孕的每个阶段对男人来说也都是新的挑战。

父亲在孕期的情感

当父亲刚刚听到妻子怀孕的消息时,心情复杂,情绪万千,有喜悦,也有焦虑,更多的是矛盾。对大多数父亲来说,这些情绪的强度和表现形式都让人惊讶。

获悉妻子怀孕,准父亲的第一反应是被排斥的感觉。虽然,孩子是自己所盼望的,怀孕的消息也是夫妻俩一起兴高采烈地告诉亲朋好友的,但他很快就会感到自己被抢了风头。不仅仅是妻子开始将她所有的注意力——精力和关注——都倾注到了未出世的宝宝身上,妻子本人也成了大家关注的中心。每一个人都关切地来问候准妈妈的情绪和健康,没人理会男人的情况。怀孕的妻子不仅吸引了周围所有人的看护,她还热切地盼望得到他的殷勤照顾。

由于自认为对怀孕这事负有责任,准父亲的被排斥感变得非常复杂。他既感觉自己被替代了,又认为只能怪自己,妻子不停呕吐、疲惫不堪,都是自己造成的。他简直把自己的责任添加到了无以复加的地步。

由于爸爸越来越多地参与到家庭计划中,比如,和妻子一起去做产科检查,一起去看产科和儿科大夫,很自然地,妈妈和爸爸之间早早地产生了一种竞争,角色竞争加剧了他们与未出生的孩子的竞争。要警惕这种竞争,除非两人都知道这种竞争很正常,也很必要,这种竞争不仅可以促进他们和未来宝宝之间建立依恋关系,也有助于两人关系更加密切,而不是使两人逐渐疏远。

当妈妈开始对宝宝展开各种设想,为了迎接宝宝的到来进行内部调整的时候,爸爸也渐渐进入角色,开始进行自我调整。他能供应家庭的一切所需吗？能从工作中抽出更多的时间参与宝宝的养育吗？他会成为妻子的坚强依靠吗？这些疑惑和混乱，可以很好地帮助准爸爸进行身份认知调整。

虽然女人不能逃避怀孕的事实，但父亲在参与程度上却有着更多的回旋余地。女人身陷各种孕期生理反应不能自拔，男人却可以走开，假装什么都没发生。有些父亲因怀孕极其震惊，远远地躲开了，不愿碰触这个事实，有的甚至发生婚外情，酗酒，或者变成了性无能。出现这种状况，有可能是由隐蔽的双性恋矛盾被唤醒引起的，也有可能是因为准爸爸感觉自己被替代了。准爸爸有可能会把未出生的婴儿看作竞争对手，怨恨婴儿把他的妻子从他身边抢走了，这可能是因为他童年时期曾经认为爸爸或者兄弟姊妹把妈妈从他身边抢走了。就像我们之前说的那样，男孩自身的身份认同建立在妈妈身上，这种身份认同必须被突破，被更新。所有这一切，使得男人在面对未出世的孩子时，心理极其矛盾。

James Herzog 将准爸爸分成两组不同的类型（Herzog，1982）。一组意识到第一个孩子的到来给他带来的各种感情，从而对妻子产生同理心，并更用心地与妻子相处。另外一组准爸爸则对自己的感情没有多少意识。在孕期头三个月将要结束的时候，被唤醒父亲意识的男人认为他们负有养育妻子和胎儿的义务。与妻子做爱，在他们看来是对孕妇的滋养，因此也在某种程度上滋养了胎儿。父亲意识没有被唤醒的男人则抱怨在性爱上得不到满足。抱怨"总是得不到满足"正暴露了他们私下里与胎儿竞争、渴望被满足的心态。准爸爸因此被分成不同的两类，一类主动养育妻子和胎儿，一类因自己没有被满足而沮丧，对妻子和孩子心怀嫉妒。

当怀孕进行到两三个月时，准爸爸对自己身体的关注增强。潜意识里他对妻子的认同加深了，有时甚至会导致双性恋和雌雄同体的幻想。这种变化又一次强化了他的男子汉意识（Gurwitt，1976）。

在世界上很多地方，妻子怀孕引起的身份共识表现为"父代母孕"现象，如前文所述，男人会假扮分娩过程中各个不同阶段的症状，他周围的人也装作他在承受分娩之苦，悉心照顾他的饮食起居。通过各种情景表演，他们戏剧化地表达了对女性生育能力的嫉妒和对自己被遗弃的失望。通过承受女人的生产之苦，他们参与女人的妊娠过程，并以此表达对女人的保护。在发达国家，人们所了解的身份认同的形式越多，疼痛与痛苦的表达形式也越多。即将做父亲的男人比不是准父亲的男人更多地表现出恶心、呕吐、肠胃失调和牙痛的现象。

这些混乱和症状让人不得不认识到男人想要像母亲和妻子一样怀孕生子的愿望，在妻子怀孕期间被再度唤醒。这种愿望以疼痛等病症呈现出来，因为它本身在潜意识里充满了矛盾，无法用语言表达。男人否认自己女性化的一面，很有可能表现为对女人怀孕感到愤怒。

在孕期的最后阶段，父亲开始区分自己与父亲的关系。正如女性倾向于回到自己早期与母亲的关系中一样，父亲需要转向自己的父亲（在幻想中或现实中），以支持他们即将为人父母的角色。随着父母身份在怀孕期间的展开，将新角色与童年旧模式相结合成了主要任务。和父亲关系亲密又坚固的男人，不会惧怕自己变得过于像他的母亲。

在后三个月，父亲会像母亲一样，为未来宝宝的健康忧虑。他们也担心自己内心深处的矛盾、竞争、怨恨会伤害到孩子，为此他们满心疑虑，为宝宝是否发育正常、是否肢体健全等忧心忡忡，需要一再被确认和安抚。有些父亲在孕后期会"出逃"，离家出走，或者，更常见的是，突然变得很生疏，参与度降低。这种逃离现象可能是为了抵御对妻子的敌对情绪，他可能一直认为妻子偏爱孩子胜过爱他，或者是因为害怕自己与妻子的角色辨别不清。

很多父亲会经历下面这种情况。

我开始反思，或许内心深处，我真的对宝宝非常愤怒。宝宝出生之前，我就像个虐待狂，开各种恶意的玩笑，说宝宝有各种缺陷，并且说起各种虐童行为，直到妻子质问我为什么要这样！

后来我才认识到,这是我表达自己内心慌乱的一种方式,自以为很幽默,其实是不知道如何用恰当的语言表达出来……现在我知道了,从根本上来讲,这是我的一种原始的反抗,抗拒孩子替代我的位置。对男人来说,孩子的出生是对他的否定,也使他开始不再是关注的中心(Bell, 1984)。

婴儿作为家庭新成员的到来,迫使父亲接受双边关系变成三边关系。这种感觉似曾相识,当我们还是孩子的时候,总感觉自己是父母之外的第三者,而弟弟妹妹的降生又夺去了父母对我们的关注。

父亲的"缺席"

尽管现在有越来越多的父亲参与到怀孕和生产的过程中,但曾经将父亲排斥在外的各种社会力量依然很强大。这与社会文化如何看待父亲息息相关,也受制于父亲本身是否认为自己能够胜任保护者和养育者的角色。我们渐渐发现,鼓励父亲参加各种产前项目可以改善这种状况,以帮助父亲更多地参与妊娠和生产过程。这些产前项目包括分娩教育、助产心理课、产前检查、家庭支持计划等(Samaraweera & Cath, 1982)。然而,我们必须认识到传统和文化风俗的影响依然存在。即使是在当今的事业型母亲中，也存在"守门员"一样的妈妈，她会把父亲挡在一定距离之外。

在所有被调查的文化中，只有4%的父亲和婴儿具有"亲密关系"（West & Konner，1982）。在很多地方，女人生产时以及生产后的一段时间，男人被严密地隔离在外；在被调查的不同文化背景中，有79%的被查文化中，父亲不能在哺乳期与母亲和婴儿睡在一起（Hahn & Paige，1980）。

在当今社会，越来越多的母亲在外工作，促使过去把父亲隔离开的传统发生了变化，另外，分娩教育机构和专业医务人员的出现也促使这种变化加速。他们对形成父亲未来新模式具有强大的影响力，促进父亲的参与性，使父亲更乐意承担养育孩子的责任。

父亲对怀孕妻子的支持

父亲的态度会对妊娠过程、生产、早期依恋关系产生强烈的影响。在妻子妊娠期间，丈夫在情感上的支持可以帮助妻子顺利适应怀孕的各个阶段，生产时丈夫的陪伴，可以帮助孕妇减少对止痛泵的依赖，生产过程也大多会比较积极乐观（Parke，1986）。母亲选择母乳喂养或是奶瓶喂养，也与丈夫的态度有很大关系（Pedersen 等人，1982）。母亲怀孕前三个月的婚姻关系决定了她在妊娠后期的适应情况（Grossman等人，1980）。近期的研究印证了这样的观察结果：准父亲的陪伴和爱心支持可以帮助孕妇的母亲角色发展。由于现代家庭不再具有传统大家庭的支持体系（准妈妈的母亲、姑姑、姨妈等），父亲在养育孩子方面的角色越来越重要。父亲与妻子的关系密切且充满爱，可以帮助母亲从对婴儿的依恋关系的依赖中解脱出来，避免她过度沉浸在育儿的满足中。

当然，作为回报，父亲积极参与妊娠和生产过程，也使得他们感觉自己不可或缺，在互动中很活跃，避免了被排斥的困扰（Barnard，1982）。宝宝降生时，父亲已经预备好和宝宝建立直接关系。父母持续相伴左右，会带来两方面的好处：既可以坚固夫妻间的亲密关系，又使男人开始尝到做父亲的快乐。

还给父亲应有的权利

精神分析一直在关注一种臆想的神话般的父亲形象：律法执行者，权力持有者，等等。虽然父亲有可能非常渴望被自己的父亲疼爱，但很少有人提起父亲疼爱自己的婴儿，更不要说他对婴儿表现出积极的早期依恋。精神分析研究发现，只有母亲和婴儿之间有互动的爱的关系。最近的研究表明，父亲对孩子发育有直接影响，他与婴儿之间的依恋关系会使这种影响更加深刻,母亲对父亲角色的态度影响着父亲与婴儿的依恋关系。有些妈妈为了满足自己的需要,会干涉父亲和婴儿之间的相互关系,生怕婴儿从她的共生关系中脱离出去,威胁她的利益。母亲就像是个守门员,可以增强或抑制父婴之间的依恋关系。如果她们能够积极建立三边关系,就可以帮助婴儿更好地建立亲子依恋。母亲自己经历的俄狄浦斯三边关系会影响到她的孩子与父亲关系的亲密程度。

人们可能会想,如果这么多年的研究都忽略了父亲的角色,所有的研究重点都放在了早期母子亲子配对上,这一现象本身是否就已经将父亲从亲子关系中排除了出去。也许,人们普遍认为父亲会破坏母婴关系,导致研究人员忽略了父亲角色的积极性。

学习成为父亲是一种发展过程,由最基本的精神力量、个人经验和环境影响共同决定。人的基本心理态度会受到事件、社会力量和组织的支持或破坏(Klaus & Kennell, 1982; Brazelton, 1981b)。某些关键时刻,如产前检查、产前培训和分娩支持等,为父亲的角色发展提供了良好的机会。在本书第二部分,我们会看到新生儿本身能区分父母的反应,并且已经做好准备吸引父亲的注意力,不管他们是多么没有经验。

第二部分

★

新生儿的参与

能生存下来纯属幸运,他们天生对母亲具有欺骗性,天生知道如何奴役母亲。

——约翰·鲍尔比

《孩子的天性——与母亲的联结》

(*The Nature of the Child's Tie to His Mother*)

引　言

　　如果新生儿恰好符合父母对他的设想，这将是对父母十月怀胎、辛苦孕育的最好回报。父母对他的回应，取决于他的表现，父母盼望宝宝的回应，如饥似渴。整个孕期，他们都在设想新生儿面带微笑，被整洁地包裹在褓裸中。他们需要婴儿的回应，以鼓舞他们后续的努力。如今，朝思暮想的宝宝已经在他们怀里，虽然在刚出生的几周，宝宝既看不见也听不到，但怀抱宝宝足以让他们对一些可能会迅速影响到后续依恋关系建立的反应视而不见。现在，人们对新生儿的了解越来越多，儿科医生、心理医生等专业人员和母亲一起看护孩童，能更广泛地辨别新生儿的行为表现。若父母能以欣赏的态度看待新生儿的各种行为表现，他们和孩子的交流将会非常的丰富。

　　本书第二部分将概要描述正常新生儿所具有的复杂的行为表现，若父母对这些行为的反应恰当，父母将得到巨大的安慰。婴儿天生具有各种能力，正好可以满足父母对婴儿的期盼。婴儿的行为表现与父母本能的回应相配合，成为建立依恋关系的动力。这个时期，父母能力高涨，婴儿也已准备好随时捕捉来自父母的信号。

妈妈把新生儿舒舒服服地抱在怀里，婴儿和她融为了一体。宝宝趴在她的肩膀上，抬起头，扫视一下整个房间，在她的颈窝里找个舒适的角度，眯上眼睛，鼻息均匀，打起了盹。如果妈妈拉动婴儿，婴儿会更深地埋进她的颈窝，更努力地把全身都贴近她，调整双腿，再次和她融为一体。这些动作都在向妈妈表明："就是这样，做得太好了！"如果她俯下身来，对着婴儿的耳朵说话，婴儿会转过身来，面对她的脸。一旦找到妈妈的面孔，婴儿的面孔就会发亮，好像是在说："嗨，是你啊！"男性声音与女性声音相比，新生儿更偏爱女性的声音，就像是在说："我早认识你了，你对我很重要。"

我们看到，婴儿的自主反应会鼓励和强化母亲的回应。新生儿哭泣的时候，如果妈妈对他们说话，触摸他们，或者抱住他们的胳膊，他们就会安静下来，妈妈和新生儿都为"做出了正确的反应"而惊讶。无论是使宝宝安静下来，将宝宝唤醒，还是对宝宝提出警告，如果妈妈每次做出了恰当的反应，她的能力都会获得肯定和确认。否则，如果婴儿对她的回应不正常或缺乏回应，妈妈就会非常失望，她和婴儿未来的依恋关系就会遇到很大的风险。

新手父母经验有限，没有安全感，试图在宝宝那里找到信号，确认他们对婴儿的照料方式恰好适合婴儿的需求。他们需要婴儿的回应，需要一再确认他们对宝宝的养育恰到好处。特别是如果没有亲朋好友给他们分享经验、随时帮助和提醒，婴儿的反应就越发成了新手父母操练养育孩童的最佳参考和指导。

4

新生儿的外貌及其影响

　　婴儿的外貌会影响父母对她的反应。柔和的小圆脸，毛茸茸细密的头发，柔软又娇嫩的皮肤，胖乎乎的四肢，相对较长的躯干，美丽小巧的双手无助地伸出来……这就是"稚嫩"。有一档电视节目，讲到很多物种都乐于主动照顾他们种群中幼小无助的成员。

　　新生儿刚出生时，肤色发青或肤色偏浅是对母亲子宫内氧气的依赖造成的。有一种特殊的胎儿血红蛋白可以使胎儿在较低的氧气水平环境中维持生命，直到胎儿的肺和血液循环能够有效运行，新生儿的皮肤都会有点发青。大多数情况下，这种现象很快就会消失，所有的婴儿出生时肤色都很差，呼吸不规律。事实上，婴儿出生时肤色发青着实让很多产科医生非常担心，用很多极端措施试图使婴儿肤色变"粉"，或者颜色深起来，并且试图帮助婴儿正常呼吸。这也让父母非常焦虑。其实，稍等片刻，新生儿的肤色就会改善。打新生儿屁股，或者把他们浸在冷水中，刺激他们，让他们啼哭，好像并不需要。啼哭确实可以让空气更快地进入婴儿的肺部，从而使肤色改善和促进血液循环。正常情况下，在健康的宝宝身上，这些情况很快都会发生，无须伤害他们。

新生儿父母在产房看到婴儿无精打采，浑身发青，就担心孩子大脑受到了损伤。他们伸出双手拥抱婴儿之前，产科大夫向他们确认孩子的这些情况实属正常，对他们非常重要。大多数婴儿娩出后外观损伤也会引起母亲的恐惧，担心是她在阵痛和分娩时弄伤了婴儿。她需要知道婴儿脑袋有些变形，身上有些淤青，这些都很正常，会恢复过来，不是大脑损伤的标志。这些情形的迅速恢复，会让新手父母倍感安慰，同时了解到宝宝的脑袋很正常又那么有弹性。

5

新生儿的反射运动

原发的自主运动,被称为反射。生产前数月,在活跃的胎儿身上就能发现反射运动,好像是在为即将到来的分娩做准备。这些反射运动模式通常被认为是从我们的祖先——猴子和两栖动物遗传得来,不过这种遗传有可能是为了特定的目的。胎儿活动似乎是为了保持子宫收缩(Milani Camparetti, 1981)。如果出现难产(子宫收缩缓慢),有可能是胎儿活力不够造成的。直到最近,产科医生一直认为难产是因为子宫不健康造成的。现在,越来越多的迹象表明,难产可能是胎儿活力不足,反射运动不够,不能有效刺激子宫收缩,合并子宫活力不足造成的。反射运动还可以帮助胎儿滚动,以利于分娩时胎儿穿过宫颈口。反射运动有如下几种。

1. **紧张性颈反射**。头部突然转动时,胎儿躯体会弓起,躯体一侧的肌肉拉长或伸张,另一侧曲起。分娩时,头部转动,使躯体左右弓起,促使婴儿游出产道。

2. **脊髓反射**。如果沿着背部脊柱敲打,整个身体都会向被敲打的部分屈起。如果对脊髓的刺激足够强大,躯体会前后曲张,做爬行运动。在分娩过程中,产道壁的触碰使婴儿前后拱起,向前蠕动(Galant, 1974)。

3. **拥抱或惊吓反射**。头向后仰,双臂向外伸展,然后屈起,腿向外伸张。这种运动在宫颈处被抑制,避免头突然弓起时,胎儿被卡住。

4. **踏步反射和站立反射**。婴儿的脚踏在稳定表面上时,这些反射就会出现,是所有肌肉群屈曲伸展反射的很好的例子。随着分娩的进行,肢体的屈伸交替很可能在刺激子宫中起主要作用。

5. **爬行反射**。把新生儿肚皮朝下放下时,他们会主动努力抬起或者转动头部,确保呼吸畅通。胳膊在头两侧抬起,并试图把手放进嘴巴。双腿前后踢蹬,有力爬行。这些都是后来爬行的前兆。父母会看到婴儿已经可以在床上向前移动,同时,婴儿躺在床上时,可以从被褥中探出头来。

反射运动是大脑的基本程序。除了适应分娩和生产的需要,这些反射还组成各种运动,使父母可以预知他们的行为。

比如，在紧张性颈反射中，婴儿身体两侧的行为方式是不相同的。一侧屈曲，另一侧伸张。拥抱反射使婴儿向外伸张，可以抓住妈妈的身体。父母起初可能不会注意到这些行为模式，与宝宝玩耍一阵后，他们很快就抓到规律，并依照规律做判断。当然，这些反射运动都是后期习得各种复杂行为的基础。踏步反射和站立反射是将来学习行走和站立的基础。父母、医生或者护士扶起婴儿使他呈站立姿势，他的脸就会放光，急切地参与进来，这使大人很开心，为进一步了解婴儿提供了反馈。

很多地方会用襁褓把婴儿包裹起来，模仿子宫对胎儿形成的紧迫感，母亲把婴儿紧紧抱在胸前，也会产生相同的效果。对引起不安反射的环境因素进行控制，可以帮助婴儿融入环境，并与环境互动。纳瓦霍印第安人使用摇篮板和襁褓，只要把婴儿包裹起来放进摇篮板，婴儿很快就安静下来了。Clyde Kluckhohn（1948）认为这种做法会让婴儿很难受。不过，我们观察后发现，婴儿很快安静下来，并没有难受。把婴儿放在摇篮板里，妈妈照看起来很轻松，把摇篮板立起来，妈妈在田间工作的时候可以看见他们，把它放下，婴儿就可以躺下来睡觉。从本质上来讲，被包裹着放进摇篮板的纳瓦霍印第安人的婴儿，可以方便地观察成人世界，积极参与他们的生活，现在流行的婴儿椅与纳瓦霍印第安人的摇篮板有异曲同工之处。

6. **吮吸和吐出反射**。出生的时候,需要清除新生儿呼吸道的黏液。这时,吐出和吮吸反射相反。因此,婴儿含起乳头或手指,在吮吸之前,通常会先吐出,性急的新手父母看到宝宝将乳头吐出,以为宝宝拒绝吮吸。婴儿学会和巩固吮吸是个渐进的过程,需要数周的时间。

与渐渐提高的吮吸反射同步发展的是母亲母乳的分泌。新手妈妈在头4～5天尚分泌不出母乳。这期间,她的乳房可以分泌出一些类似奶汁的透明液体,富含蛋白质和抗体,量很少。这最初的几天是乳房学习和操练母乳分泌的过程。婴儿与母亲互相适应,过程很艰巨。宝宝要学习吮吸,妈妈要学习如何将宝宝抱在怀里,放在恰当的位置,让母子都舒舒服服,并要鼓励宝宝吃奶。这最初的一周是妈妈和宝宝共同操练的时期。如果医护人员或家人试图加快这个进程,要想到妈妈本能就知道如何乳养宝宝,拔苗助长只会损伤她乳养宝宝的自信。

喂养

觅食和吮吸是婴儿最切实的两项活动。用乳房碰触婴儿的脸颊,新生儿就会扭头,寻找乳头,一旦找到,几乎立刻含入口中。如果婴儿清醒又饥饿,碰触她嘴边的部位,她会立刻做出寻找的动作。只要碰触婴儿的脸颊、腮部或者额头，就会引发他做出觅食反射，就算是还不会吮吸的早产儿，也有觅食反射行为。

婴儿吮吸动作由胸腔呼吸和下颚运动组成。吞咽和呼吸必须相配合，婴儿呼吸的深度和频度在吮吸母乳和非母乳（比如安抚奶嘴、手指）时是不一样的。吮吸非母乳时，只要有吮吸动作就好，有没有吸入母乳奶汁不重要。Albrecht Peiper 曾经对整个吮吸过程进行过研究，他认为吮吸运动是分级控制的，其中吞咽动作控制吮吸运动，吮吸运动控制呼吸（Peiper，1963）。

吮吸可以分为三个部分：舌头的卷动、舌根部的挤奶动作、食管上段的吸入动作。把手指放进婴儿的口中就能感受到吮吸运动的这三个组成部分。要达到吸奶顺利、运动协调需要一段时间练习。

婴儿吮吸有时急有时缓，非母乳吮吸大概1秒钟2次，其中有5～24个吮吸是猛吸，两段猛吸之间的停顿可以看作休息，是新生儿对各种信息进行处理的过程。中间的停顿很重要，是妈妈和婴儿建立早期母子关系的时间，因为妈妈这时一般都会刺激婴儿继续吮吸，妈妈会低下头，对婴儿说话，冲着她咯咯笑，婴儿这时也期待着妈妈有这样的反应。妈妈咯咯笑会引起婴儿的注意力转移，延长了吮吸间的停顿。

6
新生儿的5种感官

视觉

  妈妈常问的第一个问题就是:"我的孩子能看见吗?"父母第一次把宝宝立起来,看着他的脸,自然娩出的新生儿会睁开眼睛寻找父母的脸,再没有什么举动比这个更让父母激动的了。

  抱起或者摇晃婴儿,可以对新生儿产生安抚和警醒的双重作用(Korner & Thoman, 1972),也会刺激宝宝的反射活动,宝宝会睁开眼睛,对抱起或者摇晃她的人产生关注。父母会发现,把婴儿抱起靠在肩头,能让她安静下来,并且更加清醒。把婴儿抱在前面并摇晃,她会睁开双眼,和人互动。这时,无论是新生儿还是新手父母都很兴奋,好像在说:"嗨,你在这儿!"

  看和听对刚刚娩出的婴儿来讲非常重要,不亚于为了帮助他们与父母建立亲密关系,立刻把他们抱到母亲胸前,让她尝试吮吸乳头。滴用预防新生儿眼炎的常规用药硝酸银，会立即引起眼袋肿胀，很多医院已经推迟给新生儿使用硝酸银，有些医院会使用一些刺激性低的消炎药膏。在一个控制实验中，其中一个实验组，在新生儿娩出后，推迟30分钟才给新生儿用药，让父母可以在产房和新生儿进行视觉互动（Butterfield 等人，1982）。另一实验组，父母没有机会在孩子出生后立即与婴儿进行视觉互动。30天后两组对照，第一组的父母比第二组的父母对婴儿的视觉和听觉回应更加敏锐。所有新生儿父母希望孩子娩出后立即与其进行对视。

在刚出生时，与新生儿面对面交流非常重要，其重要性不亚于立即让他吮吸乳房，把其抱在怀里或者把他包裹起来。婴儿刚刚娩出，妈妈希望立刻把他面对面抱在怀中（Klaus & Kennell，1982）。早产儿还在保育箱里，妈妈们总是试图唤起孩子的注意力，和她进行目光交流，确保孩子躺在那里，是活生生的，虽然孩子与她身处两处、处境困难，他们却相互所属。新生儿的视觉能力意义重大，可以帮助母亲与孩子建立依恋关系。

新生儿刚娩出就开始识别人的面孔，这好像是天生的。最能引起新生儿注意的应该是闪亮的眼睛、蠕动的嘴巴和人面孔的轮廓（Salapatek & Kessen，1966）。这让新生儿可以逐渐认识在身边照料她的人以及她所处的这个世界。1961年，Robert Fantx 第一次指出新生儿偏爱某些视觉刺激物。根据新生儿观看两张图片次数的不同，他找到了新生儿的偏爱。通过这种方法，他找到很多新生儿所偏爱的刺激物。他发现，颜色对比强烈、大方块、中等明亮的物体容易引起新生儿的注意，可以让新生儿保持较长时间的醒觉和注视。还有人和他一样发现，椭圆形、与人脸大小相似、画有明亮的眼睛和嘴巴的物体更容易吸引新生儿的注意力。新生儿的目光会停留在明亮的眼睛、红嘴巴和面孔轮廓上。三维的面孔更容易获得新生儿的偏爱。

新生儿刚刚娩出，眼睛就可以注视画有人脸的图片，并且，眼和头会随着图片移动做180°的扭转（Goren 等人，1975）。揉碎或扭曲的脸部图片无法引起新生儿的同等注意，新生儿的头和眼也不会随它们转动。

刚刚娩出的新生儿对出现在他眼前且对他有回应的成人的面孔反应更加明显和激动，会随着这面孔前后甚至上下移动。事实上，如果随后换成一个毫无表情的面孔图片，会引起宝宝焦虑，并且会把目光转开。吸引宝宝注意力的可能就是成人面孔的各种回应。父母很快就能掌握婴儿视觉识别的重要信号。孩子出生三周后，妈妈就能发现宝宝已经开始认识她的面孔了。4～5周的时候，婴儿就可以认识爸爸或者其他家庭成员了。视觉认知对父母双方都相当具有鼓舞性。孩子这么快就能认识他们俩，对父母来讲，这一方面意味着孩子的能力完备，另一方面也表明他们俩对孩子来说非常重要。

对专业看护人员和父母来讲，婴儿的视觉行为是判断婴儿神经系统完备与否的一个重要可靠信号（Sigman等人，1973）。警觉起来、保持警觉状态、把注意力停留在出现在他视线范围内的物体上，这些反应与婴儿的发育成熟状态息息相关。它也意味着婴儿中枢神经系统的最佳状态（Brazelton等人，1966）。新生儿一时没有立刻表现出视觉回应，也无须立刻认定婴儿大脑受到了损伤，因为婴儿的视觉反应也取决于他当时是否处在适当的互动状态。分娩时出现的很多常见情况都有可能影响到婴儿的视觉，比如，常见的娩出后神经系统衰竭、低氧或正常分娩时常见的压力、产前给母亲用的药物等，都有可能使新生儿视觉反应迟钝。其他常见的情况，如饥饿、疲劳，或者是产房或婴儿室照明过度，都会使婴儿反应迟钝。父母需要知道这些情况，以免误认为孩子遭到了破坏或损伤。关心新手父母的人若想帮助他们避免失望，可以告诉他们怎样上下左右摇晃婴儿，刺激她警醒起来做视觉互动。这不仅让医生护士很兴奋，也会让父母得到鼓舞。

新生儿能看多远？这很难判断。曾经有一个实验，新生儿躺着，绕着他的头击鼓，测量新生儿对鼓声的反应（Gorman等人，1957）。93%的被测新生儿对出现在视线中心区域的鼓声做出明显的反应。新生儿相对来讲比较近视，对他们眼前25～30厘米远的物体反应明显。3个月大的新生儿的视力范围大概为2.5米，6个月大的婴儿已经能达到成人的视力能力（Dayton等人，1964）。新生儿看不清1米以外的物体，这种现象和新生儿的眼睛比较小、眼球相对深度大有很大关系。随着婴儿长大，眼球越来越圆，越来越灵活。我们发现早产儿也能看见。他们的视力不稳定，有点近视，虽然如此，但他们也可以追逐移动的鼓声。

同样的技术测量发现，新生儿相对近视（Dayton等人，1964）。新生儿尚不能有效地追逐移动物体，他们只能看到19厘米范围以内的物体，并且只能追踪移动非常缓慢的物体。为了测量新生儿的视力，实验员需要把物体放在距离婴儿19厘米处，上下缓慢移动，直到引起新生儿的注意，然后左右缓慢移动，测试新生儿的视觉追踪能力。

新生儿的视力不是一种被动发展的能力。研究发现，新生儿对吸引他们的物体会积极主动地延长注意力并加以关注。拿一个明亮的物体在新生儿视线范围内缓慢上下移动，吸引新生儿的注意力，会发现新生儿的瞳孔会轻微收缩。物体左右缓慢移动的时候，婴儿的面孔逐渐明亮、眼睛睁大、四肢静止，目光聚焦在物体上，追踪物体左右移动。为了持续关注这个物体，新生儿会积极保持这种静止状态。新生儿眼睛起初的视线弧度比较窄，眼部运动常常会越过物体。随着锻炼的增多，新生儿眼部运动越来越平缓有效。婴儿的眼睛运动，追踪移动物体。婴儿的头也开始左右转动。新生儿可以追踪左右12°范围内的物体，移动眼睛和扭动头部，可以追踪上下30°范围内的物体。同时，身体和肢体运动减少。新生儿的这种视觉高度关注力可以保持数分钟，直到肢体开始活动、情绪低落、不再感兴趣，失去有效警觉。新生儿对人脸的关注力可以更持久。正常婴儿可以将目光聚焦于人脸上，并随着人脸移动目光、转动头部，幅度更大，他们这么做的时候，脸部会显出喜悦的神情。

婴儿观看人脸或者实验用球，是她的警醒状态、头部运动能力、抗干扰反射、视觉能力等多种能力相互配合的结果，这种配合的背后是复杂的、高度发展的神经系统的支持。大脑皮层的参与，使警觉状态得以持续，各种运动得到控制。警觉能力缺失的孩子，会失去很多学习和了解周围环境的机会。

长期盯着某个物体没有反应，不是好现象，这可能意味着婴儿缺乏中断视觉信息输入的能力。刺激持续几分钟以后，正常孩子会停止关注，把头转开。做不到这样的孩子，意味着他缺乏应对刺激的能力。对视觉刺激的健康反应应该包含4个阶段：（1）初步警觉；（2）注意力逐渐加强；（3）兴趣逐渐加强；（4）转离单调刺激物（见第二部分第7章关于习惯的探讨）。

Lauren Adamson在1977年做了一个有趣的实验，揭示出视力对新生儿的重要性。她分别用两种物体将一个处在警觉状态的婴儿的眼睛遮盖上，先是用一个不透明的物体，后换为透明的塑料物体。被不透明物体盖住双眼的时候，婴儿努力挣扎，试图将遮盖物挪开，挪开以后，她立刻安静下来了。换成塑料的透明物体后，她一直很安静，并透过遮盖物向外看。是否能看见似乎是她判断是否被遮盖双眼的标准，甚至在生产的过程中，视觉能力已经启动了。这就解释了为什么父母急切地想确认他们刚刚出生的宝宝是否能看见。

听觉

新生儿的听觉能力在刚出生的时候就表现了出来。新生儿更喜欢女性的声音，听到女性的声音，她会变得开心，并转向女性的声音，而不是男性的声音。妈妈看见这些现象后，婴儿与她之间的依恋关系就会突飞猛进。摇动铃铛，或者启动其他柔和的声音刺激，可以让熟睡的婴儿醒来。她的呼吸扰动、面部发亮、眼睛睁开，及至完全清醒，婴儿的眼睛和头都会转向声音传来的方向。头部转动，伴随着张望和扫视，要找到声音的来源。

过去，检测新生儿听力的方法不够灵敏，使我们错过了对新生儿听力方面的认识。比如，在嘈杂的婴儿房，用啪啪声检测新生儿的中枢神经系统是否健康就不够准确有效。绝大多数被测新生儿对这种测试音没有反应，对婴儿房里一切高声的噪声都不予理会。在这种高噪声的环境中，轻轻响起的摇铃声却有可能引起婴儿的注意，他们可能转动头部寻找摇铃声的来源。

Eisenberg在1976年已经发现婴儿对不同频率的声音有不同的反应。婴儿最容易做出反应的声音频率是每秒500～900转，这正是人的声音的阈值。在这个频率范围内的声音很容易引起新生儿的行为反应，心跳频率也随之降低。和其他声音刺激相比，新生儿一再对女性的声音优先做出回应并转向女性的声音，表明新生儿对女性声音的偏爱。

父母很快就能发现可以引起他们婴儿关注的声音音高。声音过高或过于响亮，会使婴儿先是惊跳，然后把头从声音来源的方向转开，同时，心跳和呼吸加速，皮肤变红。如果这种声音重复响起，他们就会试图终止它，如果不成功，就会大哭，以控制他们受到高音惊吓引起的惊跳等反应，这都是对听力输入的干扰反应。轻柔、平缓、持续的声音会让婴儿的动作和心跳都缓慢下来，头会转向这引人关注的声音来源。过于敏感的婴儿对大多数声音刺激都会反应敏感，而且无法自制。他的妈妈将很难找到他的声音适应范围。

新生儿对声音的反应描述了一个初始值定律。Lacey在1967年指出，任何一个声音刺激都会使新生儿的反应趋向一个平均水平。用心率反应的变动作为测量的依据，Lacey指出，高频的声音刺激出现时，心率下降，低频声音出现时，心率升高。婴儿的行为反应也表现出同样的模式，比如，婴儿正活跃或者哭泣时，一个有趣的声音可以使他安静下来，并把头转向这声音发出的地方。若婴儿正安安静静或者在睡觉，这声音却会使正在安静或者睡眠中的宝宝先是惊跳，然后随着声音越来越活跃，对声音做出关注和回应。每一种响应都会趋向均值。每一种情况中，婴儿都更趋向于清醒安静的状态，逐渐熟悉周边环境，学习恰当的互动。父母对他们说话是对他们的一种反应，表明婴儿"认识我"。观察敏锐的父母会注意到，宝宝的动作迟早会达到与父母的声音韵律同步，反之亦然。

William Condon 和 Louis Sander 在1975年指出，刚一出生，新生儿就能对母亲的声音做出同步反应，这也是早期母婴之间强大的相互适应的表现之一。婴儿的动作与母亲的语速相配合，作为回应，母亲的语速也根据婴儿的动作做出相应的调整。父母通过观察婴儿对他们声音的反应，了解什么样的音高或者韵律会吸引婴儿的注意，并随之舞动。

新生儿更喜欢人类的声音，而不是非人类的声音。Cains 和 Butterfield 在1975年通过观察婴儿听到不同声音表现出来的吮吸模式的不同，向人们展示出婴儿对人类和非人类声音反应的差异。非人类声音响起的时候，婴儿停止吮吸，对声音表现出关注，随后继续吮吸。人类声音响起的时候，婴儿停止吮吸，关注声音，然后继续吮吸，中间会出现突然停顿，似乎在等待出现更多人类的信号。本书作者观察发现，因为母婴之间的各种互动，哺乳期间通常会出现突然停顿，比如，新生儿暂停吮吸，以收集喂养他的人发出的更多信息。婴儿的这些举动会鼓舞父母与他们进行更多的交流。

嗅觉

新生儿的嗅觉发展已高度成熟，已经能够分辨出诱人和不诱人的气味，这可以有效地帮助新生儿适应这个世界。比如，当他们闻到醋、橡胶或者酒精会非常地反感，他们很喜欢闻牛奶、糖浆等香甜的味道（Engen等人，1963）。出生7天的新生儿能够根据气味将自己妈妈的溢乳垫从其他妈妈的溢乳垫中区分出来，出生2天的婴儿似乎还不具备这种能力（MacFarlane，1975）。新生儿把头转向自己妈妈溢乳垫的正确率达到80%。这种让人惊奇的能力可以让婴儿仅靠有限的信息就能把重要人物从周围环境中辨认出来。在我们俩的工作经历中，都曾遇到年仅3周的母乳喂养的婴儿拒绝妈妈给她的奶瓶。这种拒绝可能依据的是她近处熟悉的乳房的气味。爸爸却可以成功地给她用奶瓶喂奶。在这种情况下，妈妈和婴儿之间的依恋关系会大大加深。

2～3周的时候，婴儿基本会形成一种类似交易的行为模式，抱在妈妈怀里的时候，她就想被喂奶；抱在爸爸手上的时候，她就活泼清醒，想要玩耍。当然，嗅觉之外，语言的节奏和深度、照料方式的不同等，都是婴儿区分父母的线索。不管我们强调的是哪种感觉器官，婴儿貌似都已经做好了充足的准备，可以将照料她的人和其他人区别开。

味觉

新生儿可以识别出味道的细微差别，人们发现新生儿的味觉偏好非常复杂（Johnson & Salisbury, 1975）。针对奶头流出的不同液体，婴儿有不同的吮吸模式，人们把这些不同的模式记录在纸上。盐水会引起极大的抵抗，以至于使新生儿几乎被呛到。奶粉冲出来的液体奶，婴儿吮吸起来相对持久，中间会有不定期的停顿。用同样的方式喂婴儿母乳，婴儿的吮吸短暂停顿，识别出母乳的味道后，马上急速吮吸起来，中间的停顿很有规律。这种急速—暂停的吮吸模式似乎说明母乳喂养蕴含着其他的期望，吮吸过程中，婴儿暂时停顿，似乎是在等待更多的刺激（比如互动信号）。换句话说，人类婴儿天生具有独特的母乳喂养吮吸模式，与奶瓶喂养的婴儿相比，母乳喂养的婴儿在吮吸母乳时会期待获得更多的互动。

Lewis Lipsitt在1977年指出，只需要吮吸两口，婴儿就能辨别出甜味液体的变化。婴儿对味道变化的识别体现在两个方面：吮吸深度的变化频率（液体越甜，吮吸的深度变化越快），以及每次深吸效果的变化。随着糖水甜度的增加，停顿减少，吮吸次数增多。很快，新手妈妈就会"看见"这些不同，根据这些不同，识别婴儿的各种需求和愿望。掌握婴儿的反应模式的同时，妈妈也掌握了识别环境的各种信号。婴儿对喂养模式了解越多，反应就越清晰。虽然各种深吸—停顿模式之间的区别很微妙，但这有可能是婴儿学习与妈妈互动的手段之一。

触觉

触觉是母亲与新生儿之间进行交流的最重要方式。为了安抚新生儿的不安，妈妈会抚摸他或者把他抱在怀里，从而制止他的烦乱动作。相反，爸爸们更倾向于对着婴儿咯咯笑，或者有节奏地摇晃婴儿，与他玩耍（Dixon 等人，1981）。触摸是护理者和婴儿之间的一种信息传递方式——既能让人安静，又能引起警觉和振奋。作为儿科医生，我们发现缓慢轻拍可以使婴儿安静，快速拍打会使婴儿警醒。拍打稍微加快，婴儿就不高兴了（Barnard & Brazelton，1984）。和听觉刺激一样，触摸前的初始状态很关键。婴儿安静的时候，触摸会使他警醒起来。如果婴儿很不开心，平缓温柔的触摸会使他的躁动减少。触摸婴儿的不同部位，引起的反应也不同。触摸嘴唇周围，会引起觅食和吮吸反射以及上消化道运动。给某一个手掌加压，会让婴儿把头转向那只手掌的方向，并使嘴巴冲那个方向张开（Babkin反射）。轻拍婴儿的嘴巴一侧，会使婴儿的同侧手臂抬起并放到嘴边。这种手口触觉反应出生前就已经具备，有很多作用，比如，安慰自己、控制肌动活动和自我刺激等。

7

意 识 状 态

在不久前，人们还认为，新生儿的神经系统发育尚不完全，只会各种简单的反射行为。这种认识和事实不相符，事实表明，新生儿与看护者之间进行的互动反应是可预见的、有针对性的。如果给出的刺激是积极的、正向的，而非故意捣乱，新生儿的反应则让人惊奇，新生儿对刺激表现出警醒，并可以主动抵制干扰，注意力集中，积极参与互动。新生儿从出生起就有各种行为反应，与周边环境积极互动。不过，为了更好地与新生儿互动，了解新生儿意识发展的各个阶段还是必要的，这可以有效了解新生儿的行为意向，以便判断施加给婴儿的各种行为刺激是否适当。如果行为刺激适当，在新生儿身上就会看到完善的、适应性强的中枢神经系统反应，甚至在大多数早产儿身上也能看见。如果说新生儿已经完全可以控制他们的注意力或意志未免过分了，但是新生儿确实已经具备了一个正常的健康婴儿应该具备的各种能力（Brazelton，1984）。

参照新生儿的行为反应，我们为新生儿的不同意识状态命名：深度睡眠、浅睡眠、半清醒、清醒、警醒、紧张不安、哭闹不止，等等。在波士顿儿童医院儿童发展部的研究中，作为儿科医生，我们发现，根据新生儿的意识变化和控制状态，可以很好地预知18个月大的新生儿的认知情况和社会行为发展情形（Lester等人）。婴儿的意识状态不仅决定了婴儿接收信息、应用信息的能力，也会影响到新生儿的反应能力。训练有素的实验观察员很快就能知道在每种意识状态下新生儿对积极刺激和消极刺激的反应。人们了解新生儿的意识状态，就能预知她们的反应，所以，新生儿的意识状态就是她的基本管理系统。只要新生儿能够控制自己的意识状态，他们就可以管理自己的行为，知道在什么情况下做什么样的反应。比如，在嘈杂、刺激过度的环境中，新生儿要么沉睡，要么狂哭。

新手父母首先要做的事情之一就是了解新生儿的各种意识状态，以判断婴儿此时适合喂奶还是睡觉。至今为止，我们了解到的新生儿意识状态有如下6种。

六种意识状态

1. **沉睡**。眼睛紧闭，呼吸深沉，有规律，没有活动动作。

固定的时间间隔中，婴儿有可能会出现短暂的悸动，通常持续几秒钟，但不会醒来。在这种状态下，婴儿基本不会对外界刺激产生反应。足月生产的新生儿大概每4个小时出现一次这样的状态，早产儿的睡眠周期没有这么清晰。深度睡眠周期的出现，表明作息紊乱或者高危的新生儿神经系统已经发育成熟、功能良好。显然，这个状态非常重要，尚未发育成熟、容易压力过大的神经系统在此时可以得到休息和整合。新生儿白天的沉睡循环比较短，随着他们越来越成熟，他们沉睡的需求会越来越长。

2. **积极睡眠（REM，或者快速眼动睡眠）**。在浅睡眠或者积极睡眠状态下，婴儿更容易受到外界的影响。眼睛是闭上的，但是眼球会缓慢转动。有身体活动，包括轻微的抽搐、短暂的翻滚和伸展等。呼吸不规则，有时很浅，呼吸节奏快。面部有动作，包括皱眉、挤脸、微笑、抽搐、嘴动和吮吸。正常婴儿常常处于快速眼动睡眠状态，一些人认为，在这个状态，婴儿的大脑在进行成长和分化。

3. **昏昏欲睡，中间状态**。这个状态下，婴儿的眼睛开开合合，或者半闭半合，或者大睁着，神情昏昏沉沉。有时候，还伴随着胳膊和腿的平缓活动。呼吸规则，但是比在睡眠状态下速度快,程度浅。这个时候刺激她,她很快就会清醒过来,随时进行响应。

4. **清醒、警觉状态**。婴儿的身体和面部相对平静,不活跃,眼睛明亮发光。婴儿对视觉和听觉刺激反应明显。刚出生的时候,这种状态的持续时间比较短,到2~3周的时候,清醒已经能持续20~30分钟。对父母来讲,婴儿在这个状态的行为反应最为鼓舞人心。

5. **警醒但焦躁的状态**。这种状态最终常常发展为哭闹不休。这个状态下的婴儿对外界刺激敏感,在外界刺激吸引下,有可能安静下来,也有可能警觉起来。如果刺激太多,他们可能会再度陷入焦躁。这时,婴儿的动作笨拙、无序,容易大惊小怪。

6. **啼哭状态**。婴儿啼哭的原因很多。首先,啼哭可以有效地引起看护人员的关注。婴儿的啼哭至少有4种区别明显的形式(痛苦的哭、饥饿的哭、无聊的哭、不适的哭),婴儿似乎天生就会用各种形式的哭表达自我。婴儿啼哭会自动引发父母的关心、责任感和愧疚等反应,使他们即刻采取行动,以解决婴儿啼哭的原因。如果解决了啼哭的原因,父母的信心就会得到巩固。

当婴儿出生三天后,母亲就能将自己宝宝的哭声从众多孩子的哭声中辨别出来（Boukydis，1979）。孩子出生两周，母亲就能识别出婴儿啼哭的原因，知道是因为痛苦、饥饿，还是由于无聊。父亲却要在第三周才能区别出各种哭泣的含义。很显然，对所有人来讲，啼哭是宝宝表达自己状况的一种复杂的信号系统（Lester & Zeskind，1982）。

在第二周或第三周的时候，婴儿在白天会周期性地、烦躁地啼哭，这似乎是一种释放，有助于调节后续的各种状态。啼哭之后，新生儿可能会更加有条理，或者陷入更深的睡眠。

虽然父母很早就学会分辨各种啼哭，但他们也可能会理解错婴儿的用意。在第5章我们会谈到误解的后果。

睡眠周期

睡眠周期（积极睡眠到深度睡眠）的长度随着婴儿神经系统的发育状态而变化。如我们之前提到的，足月出生的婴儿，睡着—醒来的周期大概为4小时。在这个时间里，婴儿沉睡45~50分钟，然后转为浅睡眠，稍后有可能又转为深度睡眠。只要婴儿在睡，无论白天还是黑夜，这种模式一直如此循环。若这种睡眠循环没有规律性，有可能意味着婴儿的神经系统发育有问题（Thoman，1975）。学着睡足4小时，需要了解如何处理快速眼动睡眠（REM）—深度睡眠循环。

养成晚上睡觉超过 3 ~ 4 小时的习惯，更为复杂。首先，神经系统必须发育成熟，能够在睡眠状态下处理外界刺激，而不是因刺激从睡眠中醒来。若要睡眠超过 3 ~ 4 小时，婴儿必须养成良好的习惯，他们需要在由浅睡眠到深度睡眠的过程中得到安慰，吮吸手指或者摸索某个舒适的东西是婴儿自我安慰的方式之一。

发育不完全或者过于敏感的孩子，晚上长时间睡眠比较困难。这样的婴儿不仅睡眠周期短，他们也欠缺摆脱外界刺激继续由浅睡眠进入深度睡眠的能力。他们需要更多的时间和外力，才能在每次进入快速眼动睡眠前不至于再度清醒过来。

晚上的睡眠与白天的睡眠息息相关。有规律的小睡和喂食很有帮助。那些在白天尝试管理自己沮丧情绪的婴儿更容易习得良好的晚上睡眠习惯。一旦父母了解了婴儿的需求和反应，他们就会更有信心在白天拉长喂食间隔，并逐渐鼓励婴儿养成规律的、可预测的作息模式。他们会帮助婴儿拉长晚间的喂食间隔。在第5章我们会看到，如果父母和婴儿之间配合不合拍，父母不了解婴儿的模式，他们之间的互动就会越来越焦虑、无序。

习惯性适应

习惯性适应是一种保护性的反应,可以关闭神经系统,防止外界过多的刺激。这对于新生儿的存活至关重要,他们的神经系统尚未发育成熟,需要避免应激过度。当明亮的灯光出现时,婴儿首先会吓一跳,随后的反应逐渐越来越少,最终,明显的反应动作消失,灯光刺激引起的心跳和呼吸变化逐渐减少,开始有规律地深呼吸,直到显出沉睡的状态,这时的脑电图可以显示出大脑中类似睡眠的变化。

婴儿对听觉、视觉和触觉方面的刺激都可以形成习惯性适应。多次重复后,婴儿对刺激的反应逐渐减小,渐渐进入睡眠。不过,如果外界刺激稍有变化,就又会引起他们的兴趣,再次清醒,心率加速。事实上,通过监测婴儿的心率变化,可以记录新生儿检测刺激长度和强度差异的能力。

习惯性适应的作用类似于睡眠的作用,不过,两者之间的不同还是很明显。处在习惯性适应状态的婴儿,四肢紧张,偶尔抽动,眼睛也不眨动,看起来更像是在主动控制对外界刺激的反应,不像睡眠状态中那么放松。

发育不全或缺损的婴儿,适应能力差,更容易受外界刺激控制。另外,习惯性适应也受到药物的影响,例如在分娩时给母亲用的巴比妥酸盐，会抑制新生儿的习惯性适应。习惯性适应不仅是一种重要的自我保护方式，也是新生儿对各种状态的积极控制。婴儿拒绝回应侵犯性刺激，可以更好地应对恰当的刺激。了解婴儿的这种重要的保护性反应，有利于加强父母与婴儿之间的早期互动。

8

新生儿评估

认识到新生儿是早期互动不可或缺的参与者,从而对新生儿进行谨慎细致的评估,可以有效地了解婴儿的行为反应。同样,如果专业人士想要做些什么以帮助早期依恋关系的建立,把婴儿的行为特征和能力告诉父母,将会是最好的帮助。

新生儿的行为能力已经在母腹中操练了9个月。需要留心的是,急性感染、毒品、母体出血等对胎儿的发育会造成恶劣影响,同时要关注宫内状况的长期影响,如营养、激素、药物、毒品、酒精、咖啡因、烟草,甚至母亲的活动和态度等带来的影响。虽说这些因素都有可能影响大脑的发育,胎儿的神经系统却具有神奇的可塑性,可以修复损伤,恢复正常功能。然而,只要仔细观察各种微妙的"细小的"迹象,如高度敏感的举动或各种状态中的问题,就会发现那些需要特别警惕和小心的情况。

有时,评估的最大价值就在于,可以让父母知道孩子出现的那些让他们手足无措的行为问题不会影响宝宝未来的健康成长。值得庆幸的是，独一事件或因素很少能对婴儿的发育造成破坏性影响。通常情况下，多种情况或因素合力才能对胎儿的神经系统发育造成真正的伤害。虽然如此，还是有必要告诉父母，婴儿的哪些行为状态需要引起他们的特别关注。

婴儿的行为发育状况与胎龄息息相关（Dubowicz等人，1970）。即使只相差两周，行为上的各种差异也会非常明显，如果父母不了解其中的原因，会影响父母对孩子行为的反应。另外，胎盘营养不足导致脂肪、糖分和液体储备大量消耗，会使婴儿瘦长、皮肤脱落、神经过敏、忧心忡忡、焦虑不安。婴儿可能会对一切正常的刺激都过于敏感，无论父母如何悉心照料，他们要么一味地睡觉，要么啼哭不止、愁眉不展，父母的任何照料都于事无补。如果父母提前知道这是婴儿的过度敏感反应或者应激过度，他们就不会认为这种状况都是他们的错，照料婴儿的时候，他们会更加温柔，知道这正是帮助婴儿恢复正常的时候。

阿普加评分反映了新生儿对分娩和新环境的即时反应能力，但不单独作为出生时的压力指数。如果阿普加评分在出生后1分钟、5分钟、15分钟时都很低，那么婴儿在未来神经系统出现问题的可能性就会增加，同时阿普加评分也可以用作难产指数。不管怎样，我们知道，在分娩前状态良好的胎儿遭遇难产的时候，能够承受巨大的生产压力，即便缺氧也不会造成脑损伤。所以，遭遇难产的胎儿的大脑发育状况，可能比难产的程度更重要。

如果认为新生儿的大脑只有脑干部分得到了发育，大脑皮层或更高的神经中心基本上还没有被启用，那么基于这种假设的新生儿评估就无法预测后期的发展状况。了解到新生儿的神经系统已经达到高度发育的复杂状态，婴儿评估方法就会更复杂、翔实、细致。对大脑的神经学评估不足以说明潜在的行为矫正能力，与此相比，新生儿行为评估提供的信息似乎更可靠，对预测后期发展更有帮助。

新生儿行为评估量表

新生儿行为评估量表（The Neonatal Behavioral Assessment Scale，简称为NBAS）被设计用于捕获新生儿出生后对新环境做出的行为反应（Brazelton，1984）。这是我们开发设计的一种行为检查方法，有经验的观察者或新生儿的父母，借助本量表可以记录和评价新生儿的能力，检测婴儿在各种意识状态下对环境的反应，它也是一种衡量互动水平的手段。婴儿不是唯一的被测者，而是动态情景中的积极参与者。虽然这个量表包含一些基本的神经学领域的观察，但NBAS并不是正式的神经学评估。

NBAS所关注并追踪检测的是整个监测过程中不同意识状态下发生的行为变化——它们的责任和指向。新生儿呈现的各种意识状态是他们对环境的控制与互动,代表的是新生儿的自我组织能力。评估量表测量的是新生儿在刺激面前保持平静的能力,以及他们应对刺激的各种方式。

NBAS使用的各种外界刺激,如触摸、摇晃、声音、面部表情等,都是父母们尝试帮助新生儿适应新环境时常用的。测量程序做了分级处理——说话,把一只手坚定有力地放在新生儿的肚子上,抱在怀里摇晃——所有这些都是为了安抚或叫醒婴儿。量表对新生儿的各种反应进行评估,这些反应包括:对发自人类的刺激的反应,例如,声音和面部表情,以及对无生命刺激的反应,例如,软摇铃、铃铛、鲜红色的球、明亮的光、手的触摸和温度变化等。婴儿从一种状态变化到另一种状态,她的活力、兴奋度、肌动活动、肌肉张力以及颜色变化等都在测量范围之内。

我们列举了28个行为测评项目,用来评估新生儿的各项能力:(1)意识状态组织能力;(2)对干扰事件的适应能力;(3)关注和参与简单情景(包括某些条件下的复杂情景)的能力;(4)参与事件时的运动和活动控制能力;(5)运动整合能力,比如,把手放进嘴巴里,坐着的时候保持头部直立,把蒙在脸上的布扯开等。这些全都可以反映出一个正常新生儿的行为能力。这些能力的呈现似乎都需要对心脏和呼吸系统进行控制，并且要依赖大脑皮层或更高级的大脑中枢神经的参与。若要实施这些控制，新生儿必须在分娩后的早期调整期成功地控制生理需求。新生儿的注意力、区分力以及对复杂刺激因素的适应力等，是预测未来中枢神经系统的组织情况以及个人气质的重要依据。

28个行为项目如下。

(1) 对光的反应逐渐减弱(用手电筒短暂照射新生儿的眼睛)
(2) 对响板声音的反应逐渐减弱(在距离新生儿25~30厘米处摇动响板)
(3) 对钟声的反应逐渐减弱(在距离新生儿30~38厘米处撞钟)
(4) 对脚跟针刺的反应逐渐减弱
(5) 对无生命视觉刺激的定向反应（红色球）
(6) 对无生命听觉刺激的定向反应（轻柔的响板声）
(7) 对有生命视觉刺激的定向反应（检测者的面孔）
(8) 对有生命听觉刺激的定向反应（检测者的声音）
(9) 对无生命视听觉刺激的定向反应（红色响板）
(10) 对有生命视听觉刺激的定向反应(检测者的面孔和声音)
(11) 警觉期的质量和持续时间

(12) 休息时以及被回应时的一般肌肉张力（被动的和主动的）

(13) 运动成熟度（新生儿运动的流畅性和活力）

(14) 新生儿被扶着坐起时，手臂、肩膀和头部的反应

(15) 拥抱（对测试者拥抱的反应）

(16) 防御动作（对盖在脸上的布的反应）

(17) 受安慰性（测试者使沮丧的新生儿安静下来所做的尝试次数）

(18) 兴奋和自控顶峰（整个测试过程中的）

(19) 进入啼哭状态的迅速度

(20) 测试期间的焦躁

(21) 活动的种类和程度（贯穿整个测试过程）

(22) 震颤（整个测试过程）

(23) 惊悸的次数（整个测试过程）

(24) 肌肤颜色的变化

(25) 状态变化的次数（整个测试过程中的）

(26) 使自我安静的活动（可见的努力和成功）

(27) 手口活动

(28) 微笑（在恰当的时刻，做鬼脸或者模仿性社交微笑）

自1973年以来，NBAS在美国和全世界被广泛使用。它的设计目的是帮助新生儿对刺激产生最佳的反应能力，并测量

新生儿应对阵痛、分娩和严苛新环境压力的能力。任何单项评估都应该放在压力恢复曲线中综合看待，不能单独用来预测未来。针对已知的新生儿经常会遇到的应激源（例如，给妈妈使用的药物和麻醉的长度、低氧压力、生产持续时间、产程困难和复苏困难）所做的多次检查，更好地显示了婴儿未来处理压力的能力。1985年，我们和同事Lester等人一起，用婴儿出生第一周的行为恢复曲线预测出生18个月后的发育情况。我们发现，某些特定行为比较稳定，比如运动活动反射，外界环境对其影响不大。新生儿处理意识状态和社会刺激的方式，在最初几天和几周内，对环境变化的反应最为敏感。这些反应可以十分可靠地预测出生18个月的认知和情感发展状况。NBAS也被用来测量不同的情形和文化对婴儿未来发展的影响。比如，在瓜地马拉，人们用NBAS来测量孕妇营养不良的影响。在美国，人们使用NBAS测量分娩时用药、孕期酒精、毒品等给婴儿带来的影响。NBAS也用来检测光疗法治疗婴儿胆红素升高对婴儿产生的影响（Brazelton, 1984）。

然而，评估与本书的写作目的最为相关的两种用途是：帮助父母理解他们的孩子，以及识别难以对付的新生儿。比如，相对安静、对刺激反应迟钝的婴儿，不容易被父母了解。这样的婴儿没有明显的警觉反应，父母不可避免地担心他们有脑损伤。由于他们不哭喊以示抗议，父母有可能不主动给他们喂食，也不主动给他们适当的照顾。这样的孩子反应迟钝，从一个状态到另一个状态变化缓慢，可能会导致父母在某些微妙的甚至重要的方面忽略他。同样，过分敏感、行为紊乱的孩子，也会让人几乎无法理解。他们不仅对刺激反应过敏，还会以没完没了的哭泣等消极行为试图控制环境。他们的情绪变化既突然又极端，从一个状态突然转为另外一种状态——正睡着，突然大哭，大哭中又突然沉静——让人猝不及防，父母完全没有时间了解情况的变化（Brazelton等人，1971）。在这样的婴儿面前，父母感觉完全被屏蔽在外，束手无策。除非父母得到专业的帮助，了解他们的情况，否则这样的婴儿与父母之间未来的互动有可能会遇到严重阻碍。NBAS的设计可以提供专业的帮助，可以判断婴儿的反应模式，帮助父母做出有的放矢的应对。它最大的作用有可能不是测试和评估，而是把新生儿的行为展示在父母面前，使他们在最初的时候就能了解自己的孩子，更好地履行父母的责任。

9

个体差异

在多年的新生儿评估过程中,我们常常被新生儿之间的个体差异所震惊。这些个体差异不仅影响着婴儿早期亲子互动中的行为,也影响着父母对他们的反应,绝不能轻看早期亲子关系中的个体差异。幸运的是,怀胎十月,父母的心理越来越坚强,他们对婴儿的理解和同情也得到了增强。父母似乎天生地期望自己的孩子与众不同,因为孩子的独一无二感到欢欣鼓舞。父母越是主动认知孩子的特性和特长,他们与孩子的早期关系就越坚固。

对每一个家庭来讲,最幸运的就是婴儿的个性和家庭的养育能力及特性刚好相配。每一对父母对孩子的期待和盼望都与其他父母有很大的不同。父母的个性特征也会影响到他们所照料的婴儿。精力充沛、情感外向的父母与生性活泼的婴儿相处更自在;性格沉静、敏感的父母面对生性活泼的婴儿却很可能会感觉压力太大、易怒，性格安静、反应沉稳的婴儿可能更适合他们。对所有父母来讲，反应灵敏、作息有序的婴儿都更容易相处，即便如此，大多数父母仍需要付出很大的努力去了解他们的孩子，以便与孩子融洽相处。下面有三个案例可以表明亲子之间相合或相争的大概情形，本书所有案例中使用的人名和相关情节都做了模糊处理，不是真实姓名。

罗伯特是一个肌肉发达、比例匀称的婴儿，刚一娩出就很活跃。他体重4公斤左右，骨骼强壮结实。虽然他妈妈原本预计会生一个大个子宝宝，但是当她第一眼看到产床上的新生儿时，还是忍不住惊叹："天哪，他这么大个子，整个儿都曾待在我身体里面吗？"他头发乌黑蓬乱，圆圆的脸上一双大眼睛骨碌碌打转，好奇地四处张望，将整个产房扫视了个遍。由于胎位的原因，他的头和脸被挤压得稍向左偏，两个耳朵平平地贴着脑袋，他那大大的、柔和的婴儿脸孔非常引人注目，看起来和已经满月的孩子一样。

他被放到妈妈的怀里，他一下子安静了下来。在这之前，他一直缓缓地挥动胳膊和双腿，环顾四周的时候还皱起了脸。现在他脸朝下趴着，头靠着妈妈的胸，双腿蹬了蹬，又拱动一下身子，抬起手，放在嘴边。妈妈抱起他，看着他的脸，他的眼睛睁开了，满含期盼地看着她的双眼。她对他轻声说话的时候，他的面孔缓和了下来,"我想你是看见我的脸,听见我的声音了吧!你真是帅呆了!"她把他放在床上,仔细查看。他握紧拳头,把她的手指攥在手中,双腿抬起把她放在他肚子上的手蹬开,她把他拉起来坐好的时候,他努力控制着头,支着脑袋几乎直立,不左也不右。

产房里的每一个人都被这个刚刚出生的敏捷小人儿的掌控能力震惊了。他爸爸俯下身子,贴着他的耳朵对他说话,罗伯特立刻静止下来,把头扭向发出声音的方向,眼睛也向那个方向扫视。找到爸爸面孔的时候,他再次露出喜色,好像看到了熟人。爸爸一边忍不住地说:"哇,多么了不起的帅气大男孩!"一边把罗伯特抱了起来。罗伯特将身子转向爸爸的胸口,把双腿扣在爸爸的身上,他伸出手来抓住爸爸的长外衣,抬头向上看着爸爸的面孔。这时,爸爸的自豪与欣喜之情顷刻间溢于言表,他把罗伯特抱起来放在肩头,这个刚刚出世、身上还滑溜溜的婴儿依偎着父亲,双腿紧贴爸爸的身体做支撑,双臂紧紧环绕着爸爸的肩膀,脑袋立起依偎在爸爸的颈窝里。爸爸眉开眼笑,把他抱得更紧了。虽然已经娩出且没穿衣服15分钟了,但罗伯特的肤色还依然粉粉的,他似乎很享受被人摆布,一点儿也不介意被人摆弄。

护士最终把他接了过去,清理掉他身上滑溜溜的叫作胎儿皮脂的物体,这种物体可以帮助他娩出产道。护士清洗他的时候,他开始哇哇大哭,挣扎着,越哭越响亮。他的哭声伴随着低沉的哀号。护士说:"啼哭对他很好,可以让他的肺部打开。"好像很抱歉破坏了这一家人的和平欢畅。她迅速地给婴儿注射了维生素K,把身份识别带系在婴儿的手腕和脚踝上,又给他的双眼滴上硝酸银液。对她的每一个冒犯性动作,罗伯特总会酝酿出响亮的抗议。第三次被摆弄的时候,他已经相当不开心,特别起劲儿地大哭起来,肤色越发红亮了。

护士用襁褓把他包裹起来的时候,他安静了下来,右手握起来放进嘴巴里,像是要吮吸的样子,拱拱身子,找了个安静舒服的姿势沉静下来。可以一个人待着,他似乎是松了一口气。他呼吸平稳、面容安宁、身体放松,让人感觉他终于达到了目的。他的手还停留在嘴边,似乎随时准备自我安慰,面红耳赤的样子也消失了。

他的父母如饥似渴地看着护士的每一个动作,他终于安静下来的时候,他们也放松下来,长长地出了一口气。妈妈转回头来,看着自己裸露的肚子、凌乱的产床,像是在说:"现在,可以照顾我了。"这时爸爸才突然意识到,他们全都被罗伯特的神奇表现深深吸引住了,完全忽略了妈妈的需求。

像罗伯特这样反应有序的婴儿让人心里踏实,非常安慰。他所表现出来的力量、完美、健全,让父母的一举一动都更加坚定。就算是在这最初的片刻,他也向父母表明他"应付得来"。他们可以像那个护士一样"冒犯"他，可以犯错误，他们甚至可以在他并不顺心的时候（比如刚降世那会儿）强迫他对父母做出回应。面对这一切，他不会崩溃，不会分裂。经验丰富的人知道，从一个状态到另一个状态的平缓坚定的转换正是他行为可靠的反应。对父母来讲，他对父母观察细致、回应敏捷，努力倾听、发现父母的面孔时，他的眼睛和耳朵全都锁定在他们身上，这让父母倍感安慰，这是对他们辛苦怀孕十月不可估价的回报。他的运动能力让父母感觉他已经是一个能够自控的人，在他们的帮助以及他自己的努力下，他能安静下来，这足以说明他确实是个有自控力的孩子。与这样的孩子在一起，互动非常顺畅，他知道自己的角色。

另一类新生儿与此完全不同，这类新生儿的父母除非得到适当的指导和帮助，否则，他们与父母之间未来的每一个互动都将充满挫败。

克里斯，怀孕41周才降生，比预产期超过了一周，身体又瘦又长。他妈妈知道，在过去的三个星期里她的体重一点儿也没有增加，但是B超显示胎儿一切正常，她说"他的活动慢下来了"，却没引起任何人的警惕。克里斯出生的时候，体重仅2.8公斤，像个遭受了饥荒的人。他的皮肤松弛，手脚和肚子上的部分皮肤脱落。他的头发又细又稀。最引人注目的是他的脸，那简直是一张老人的脸，布满皱纹和忧虑。躺在婴儿床上，他眼睛睁得大大的，焦虑地注视着房间。他看起来很安静，但是呼吸沉重，带杂音，听起来好像得了感冒。不管什么时候，只要有人对他进行护理、和他说话或给他任何刺激，他就呼吸急促，呼吸声越发低沉，使人感觉他不想被任何人打扰，只想一个人待着。

刚娩出的时候，他的肤色黯淡，反应迟钝，医生护士非常担心。他们对他进行了精心的检查，把他交给父母之前，给他仔细包裹好，又细心逗弄他。他迟迟没有回应，这让父母忧心忡忡，"出了什么问题？"医生护士想让他的父母放心，一再向他们保证他没有损伤。他那张皱巴巴的脸、大大的耳朵、光秃秃的脑壳，让他父母的心不住地往下沉。他妈妈几乎就要哭出来了，她虽然没说什么，心里却已经在责问自己到底对宝宝做了什么，让他成了这个样子。他们沉默不语，不约而同地想要确认这孩子是否正常。他爸爸一边说"可怜的孩子"，一边也心里疑惑是不是他们的什么行为导致这孩子长得这么古怪。克里斯被妥妥地包裹好，放在父母的怀抱里，看起来也算平静安稳。但是，哪怕是轻微地移动一下，他那皱巴巴的脸就立刻显露出惊恐，他又开始尖利地哀号。护士说"我来吧"，把他抱了过去，他的父母立刻如释重负。

在接下来的几天里，他的反应模式越来越清晰，却越发让人不放心。妈妈竭力给他喂奶，然而，由于奶水还没有分泌出来，再加上他胡乱吮吸，喂奶的过程对他们双方来说都很痛苦。他总是一惊一乍的，紧张不安，医护人员坚持每隔几个小时就给他喂一次糖水，以免他血糖过低，并向他母亲解释说，他这是典型的发育不良，脂肪和糖分储藏不足，又说她的胎盘在孕末期停止了运行，没能供应他足够的营养，但这不是她的错。在孕期最后三个星期，他的体重下降，如今他的能量库存太低，不能满足出生后的需要。他们竭力想让她安心，但是，为了找到可能导致他现状的原因，他们问了很多问题，这些问题使她越来越愧疚——吸烟吗？酗酒吗？吸毒吗？得过什么病吗？她不断地说"没有"，几乎变成了救命的呼喊，因为她一直在一遍遍自责：怎么生出了这么一个可怕的"老"婴儿。

只要躺进婴儿床，他似乎就恢复了对环境的掌控——睁着空洞的大眼睛，盯着远方，呼吸沉重，一直愁眉不展。无论是睡着了，还是清醒着，只要有人走近或摇动他的婴儿床，触摸他一下或者对他轻轻说话，他就会惊悸，脸上的皱纹皱得更深了，似乎他更愿意一个人安静地远远地待着。妈妈照料他的时候，他总是转过身去，远离她，好像在躲避她的面孔、她的声音、她的触摸。如果她坚持靠近他，把他抱在怀里，和他说话，或者轻轻地摇动他，他嘴边的皮肤就会变得青绿，甚至呕吐，弓着身子远离她。似乎他的每一个反应都很被动，他越来越神经质，人们也越来越担心他低血糖，每一个人都想要帮助他。护士每小时都要喂他一次,他对母乳的吮吸力度越来越小。他困得不行,却被拽起来,被人用襁褓裹上,好不容易他清醒精神起来,却被丢在那里不再有人过问。他做的每一个回应看起来都是"错"的,父母对他的担忧日益加剧。他很难醒过来,一旦醒来就立刻焦躁不安,妈妈还没来得及发现他醒了,更没时间让他接受自己,他就已经开始大哭不止,妈妈茫然失措,心痛万分。他的哭声特别尖利,含着悲痛。他哭得筋疲力尽,一边哭泣喘气,一边再次昏睡过去。

在儿童医院,我作为儿科医生和同事们一起对一些身高体重比小于5%的婴儿进行了研究(Als等人,1976)。这些婴儿在健康孕期结束时患上了急性胎盘机能不全,在出生第1天、第3天、第5天和第10天的时候,他们的肌动反射行为(比如爬行反射、觅食反射、吸吮反射、拥抱反射、行走反射)和正常体重婴儿相比,有很大的不同,从父母的角度来看,更重要的区别在于,为了吸引这些孩子的注意力,使用的外部刺激与对待正常孩子不同,视觉、听觉和触觉沟通方面的表现也非常的不同。这些婴儿极其敏感,从一开始就让父母摸不着头脑。在最初的四个月里,他们不停地哭泣,很难安抚,在第九个月的测试中,他们仍然极度敏感,注意力无法集中,反应过度。尽管他们的感官能力与正常体重控制组相当,但由于他们的注意力分散、对刺激反应过度,对他们的测试难度大了很多。他们的父母反映适应这些婴儿时遇到了巨大的困难。对这些婴儿的研究有助于我们了解他们的各种高发病,比如亲子互动困难、成长迟滞、虐童、心理紊乱等。

这些婴儿受宫内压力影响,身体能量储存少,血糖低,还有可能出现内分泌失调。这会使他们对感官刺激过度敏感,在"允许"自己做出反应之前,会产生一种长期的保护性延迟,然后反应过度,对他们的感官、运动、胃肠道以及自主神经系统造成伤害。对这些婴儿来说,对环境的每一个应激反应都很痛苦,并使守候在他们身边的父母对其回应不当,同样也很痛苦。

我们发现,婴儿的血糖储存恢复正常很久以后,这种与行为相关的代谢失调依然存在。感官过敏、状态控制不良、运动反应过度是不是神经递质困难所致,照看婴儿的父母或者其他看护人员的焦虑是否使这种状况更加恶化,都还不好确定。在新生儿阶段,将这些可能发生的情况事先告诉父母,至少可以让父母知道这不是他们的"错",使他们有机会改变对待这个困难婴儿的态度和方式。否则,他们会认为自己无能,负罪感将使他们面对失败时越发脆弱。

罗伯特和克里斯是两个极端的例子,一个对环境完全应对自如,一个对环境完全无所适从。不过,绝大多数婴儿在应对出生后的新环境时,多少都会遇到一些困难,如果父母足够机敏和耐心,这些困难都能被攻克。

艾米丽是第三个案例中的婴儿,她是一个24岁黑人妇人的女儿,她妈妈是个全职老师,原本"没有打算生孩子"。虽然她丈夫有工作,但是她也工作,这使得他们俩可以在经济上独立,生活舒适。他们俩都在贫困家庭长大,为了建立自己的生活,他俩工作都非常努力。他们希望自己的孩子能够生活在富裕的家庭。他们的两个儿子一个6岁,一个4岁,分别在小学和托儿所上学。这次怀孕之前,这个家庭的收支刚好平衡。现在他们必须制订新的计划:要请4周的产假、4周病假,然后,他们必须请护理人员代替他们照顾孩子。爸爸工作不忙的时候,可以帮很大忙。

艾米丽出生第3天,她和哥哥之间的差别就呈现出来了。男孩子们有些微胖,艾米丽却是小骨架,面容娟秀,大眼睛,总是睁得大大的四处观看。她躺在自己的小床上,如果被打扰或者要被脱掉衣服,她就会受到惊吓,四肢突然张开。她会突然哭着醒来,胳膊腿四下踹动。她好不容易达到精神焕发的状态,却很难使自己安静下来。她把双手放在脸颊边,突然惊悸时两手会弹向空中。她弹出的双手带动整个身体不受控制地乱动。住院期间,护士发现用襁褓把她包起来,或者让她趴着,能帮助她安静下来。大家叫她"小炸药包"。

她的妈妈多少有点被她吓到了。她与儿子们相处非常轻松,从没想过还会有其他情形。他们的日子已经接近忍耐极限,她完全不想家里再增添一个欲求无度的婴孩。一种绝望的感觉淹没了她,让她非常抗拒。

艾米丽被交给她喂奶,她把包裹得严严实实的娇小的艾米丽从层层包单和毯子中抱出来。艾米丽受到惊吓而不住踢腾的四肢安静了下来。妈妈发现艾米丽变成了一个不同的人,似乎终于控制住了四肢的乱动,艾米丽四下观望,侧耳倾听,饥饿地四下搜寻。妈妈给她喂奶的时候,她发现了妈妈的面孔,妈妈稍一动弹或者说话,或者艾米丽听到任何声音,她就会停下来,把头从乳房转开。

艾米丽喜欢温柔的动作、柔和的声音。当周围突然响起嘈杂的声音时,她会将身子转开;听到柔和轻曼的音乐,她会转向音乐传来的方向。她妈妈很难想象两个活泼好动的哥哥回家以后该怎么应对。她尝试着制造一些声音,测试艾米丽对声音和触摸的反应能力。她刚刚酝酿着要哭起来的时候,妈妈温和地对她说话,可以把她安抚下来,让她恢复安静机敏的状态。如果她轻轻触摸艾米丽,或者把手指给她吮吸,也能让艾米丽安静下来。妈妈很快发现,当艾米丽情绪低落的时候,轻轻地触摸她、摇动她、拥抱她,或者把她立起来,让她双腿轻轻蹦一蹦,就能驱走艾米丽的低落,使她恢复平静。她的担心渐渐消失了,开始珍惜和艾米丽独处的时间,想要更多地学习如何和艾米丽相处。她知道,俩儿子一回家,等待她们的将是何等的混乱。

这个孩子能接受妈妈对她的回应，是她最大的福气。她对妈妈的关注做出的回应，与她自己无法自控形成对比，使她获得了妈妈的喜爱。她精致的外表，以及对控制环境的无助，使她成为妈妈的心肝宝贝。如果她的行为混乱无序主导互动，她和妈妈的关系可能会恶化。如果妈妈有时间和精力与她互动，艾米丽的自控能力提升，她就依然会是妈妈的心肝宝贝，母女之间的关系也会持续加深。接下来，我们将更深入地观察早期互动的各个阶段，以及各个阶段中表现出来的气质和适应性的个体差异。

第三部分

✱

早期互动观察

婴儿不可能单独存在，从根本上讲，她是关系中的一部分。

——温尼科特
《给妈妈的心灵课——孩子、家庭和大千世界》*

---

* 本书简体中文版已由中国轻工业出版社"万千心理"策划出版。

引　言

　　三四个月大的婴儿和父母相互微笑、柔声聊天，是一个让人非常着迷的画面，对双方来讲，这既是美好的成就，又是崭新的开始，也是一个值得回忆的历史性画面。就像我们在前面看到的一样，这段历史始于怀孕之先、准父母梦想和渴望孩子之时。出生时，新生儿精细的感觉和运动能力与父母对他们的强大幻想相遇，开始寻求新的平衡。

　　成人和婴儿都深深地投入到重大调整中。如在本书第一部分中看到的，怀孕期间的混乱已经激起了父母对孩子的感情。孕期的矛盾情感促使他们很积极地寻找婴儿的个性，并准备接受即将到来的孩子，尽管这与他们所梦想的可能并不相符。父母对婴儿长相的每一个细节都非常关注，印证了这种说法，"她长得像你妈妈！""他的耳朵分明就是我们的家族特征！"婴儿的行为也受到他们同等程度的审查。

　　本书第二部分描述了新生儿具备的复杂的感官和运动行为反应。在子宫里调整了9个月，婴儿做好了应对出生环境的准备。他们在子宫里接受的来自母亲的信号已经塑造了他们的反应形式，使他们可以在分娩后对母亲的节奏和信号做出相应的反应。

在很多研究和临床工作中，我们发现，在被护理和照料过程中，新生儿表现出来的非凡的注意力和互动行为能力越来越明显。我们认为婴儿并不是人们想象的那样无助、混乱、行为不可预测，相反，婴儿对外部世界的各种刺激，无论是积极的（适合的）还是消极的（不适合或者超负荷的），都有高度可预知的反应。这些反应反过来决定了照看者对婴儿的行为反馈系统。从降生的那一刻起，遗传因素与环境制约密不可分地交织在一起，反映在每一个互动的相互反馈中。

10

互动研究：概述

在呈现我们的观察结果和亲子互动发展模型之前，先概略回顾一下几个重要的研究，这些研究开启了人们对新生儿阶段的了解，也拓展了我们的研究。亲子互动观察与分析开始很晚，研究历史尚不超过80年。

精神分析研究

在精神分析领域，对儿童和母亲进行直接观察开始于20世纪40年代。Rene Spitz和Anna Freud分别对留守儿童和战争中的儿童进行了儿童情景行为研究（Spitz，1946；A Freud，1936）。他们的研究引起了观察者对儿童在压力情景中的防御行动的关注。因此，儿童对重要成人的依赖最早是在研究母亲缺失情景时发现的。情景实验将母亲与儿童之间的亲密关系显现了出来。母爱剥夺造成婴儿出现严重病理现象，对这些现象的研究成果使我们对早期关系中的这一关键本质有了更深刻的认识。

直到20世纪60年代，这种剥夺模式研究依然很热门。其中影响最大的研究是Sally Provence和Rose Lipton于1963年、James Robertson于1962年、John Bowlby于1958年、Myriam David和Genevieve Appel于1961年进行的研究。Heinz Hartmann在1958年进行类似研究中得出了婴儿时期的自我发展概念，他认为婴儿的自我发展取决于他们对父母的依恋质量。

Margaret Mahler是最早进行人际关系可见交互性关联研究的人之一，她所研究的对象是幼年儿童，特别是处在她说的"共生期"的儿童（Mahler等人，1975）。虽然Mahler没有研究年龄小于4个月的幼儿，但她所描述的很多交互关系问题都发生在儿童幼年期。最典型的就是"加油"概念的出现。尽管分析人士一直很倾向于偏爱"关系"这一术语，但他们的研究对象是关系的内在特征。Spitz于1965年写道，"塑造"过程"由两个伙伴——母亲和孩子的一系列相互影响变化构成，他们之间的相互影响以一种循环方式进行"。这些行为的相互影响被一些人称为"相互作用"，与我们现今所说的互动概念类似。

心理分析也有助于理解父母在适应孩子时的巨大混乱或困难。正如我们将在第四部分和第五部分看到的，这场动荡不仅带来了对支持的需求，也为变革和成长提供了独特的机会。

"互动"这个术语最早出现在鲍尔比在1958年发表的著名论文《孩子与母亲关系的本质》(*The Nature of the Child's Tie to His Mother*) 中。鲍尔比的研究成果对所有进行依恋关系研究的人影响深远，导致越来越多的研究者将这一方法应用到对亲子关系研究的观察或行为模型中。与早期心理分析家不同，鲍尔比认为，与母亲的交流不只是简单的口腔快感和张力降低需求。他认为，人与人之间存在很多基本的、"主要的"反应方式，他称这些为"本能反应"，强调它们是与生俱来的。他从动物行为学中借用了"物种特异性"先天机制的概念。对他来说，吮吸、依附、抓握、哭泣和微笑是婴儿与母亲互动和依恋的最基本的、天生的方式。他把对基本依恋关系的设想与克莱茵后期提出的概念联系在了一起，他指出，"婴儿与母亲的关系需求比生理需求的满足更多"(Bowlby, 1958)。

温尼科特在他的文章中强调母婴之间存在的一些重要特性对儿童的发育影响重大。他用"母乳"这个词代替"喂养技术"和"实际肉体"。在他看来，食品只是众多互动重要领域的一部分。他强调的是母婴之间互动的重要性 (1970)。他还提出对婴儿的研究要和母亲一起进行。"我不愿意描述已知的关于新生儿的单方面的事情……我更愿意说，当看到一个新生儿时，也应当看见新生儿所处的环境以及环境中的母亲"

(Winnicott，1986)。鲍尔比强调新生儿天生具有与照料者互动的能力，温尼科特认为母婴一体，不可分割，他们的观点深刻地影响了对亲子互动的研究，包括我们自己在这方面的研究，直到今天。

行为观察

动物研究的贡献之一是Konrad Lorenz在《关键阶段、印刻和先天释放机制》(*Critical phase, imprinting, and innate releasing mechanisms*) 中提到的概念 (Lorenz，1957)。关键阶段是指父母和婴儿彼此明白对方的一举一动，并且相互积极适应的阶段。新生儿刚出生的几个小时以及其他变化多发期，都可以被看作"关键阶段"。印刻现象的提出源于Lorenz对小鹅的观察，Lorenz发现：小鹅刚孵化出来马上就能记住父母的形象，并追随父母发出的各种行为信号。先天释放机制是由父母适当的暗示触发婴儿内在遗传行为的反应。这些现象也是在对动物的母婴研究中发现的，并被应用于对人类的母婴研究中。虽然人类的婴儿和父母可塑性更强，对环境变化有更开放的适应性，但这些术语捕捉到了新手父母和婴儿之间强大的内在力量和能量，正是这些使他们能够相互依赖、相互了解。

行为学的研究方法如上述概念一样也对母婴研究影响重

大。自然观察法是在自然环境中特别留意各种信号交换的研究方法，为母婴研究提供了很多借鉴。"行为详述法"是对观察到的行为进行详细分析，对物种的各种行为制定目录的研究方法。这一方法中的微分析技术也应用到了人类的行为观察记录研究中。这一领域的领军人物 Robert Hinde 指出，"互动关系研究的第一步应该是描述和分类"。他强调，动物研究中的"目标啮合"——互补互惠，与人类互动研究的术语相关，是一种基本的研究方法（Hinde，1976）。

  动物行为学的影响导致人类互动研究仅限于显性或表面行为的描述，没有进行隐藏动机或意义的发掘。但是，Hinde强调，"……我们还必须记住，缺乏意义的客观的行为数据，可能会产生误导，而单方面强调意义，也会导致很多不切实际的结论"。正如本书阐明的，研究人际关系的人必须像走在刀刃上一样小心谨慎：客观的数据对于行为描述和交流来讲至关重要，但是如果忽视关系的复杂性和主观性，也很危险。举个例子，对自我安慰行为进行观察，比如，观察婴儿吮吸手指的行为，既要看到这是婴儿的一种独立的行为表现，也要认识到这是婴儿对母婴共生关系表现出的早期疏松。这是母婴研究中持续存在的挑战。

  Hinde 同时建议，对互动行为的描述必须不仅包含互动行为双方做了什么，还要包含他们是如何做的，因为人类互动的结果远比他们实际做了什么更重要。行为研究也显示出描述互动行为循环模式的必要性，也就是说要描述循环模式出现的绝对和相对频率，以及它们相互之间的影响。

学习与互动

学习理论衍生出来的概念也促进了对早期父母-婴儿互动的理解。尽管在我们看来，早期的交互作用远比古典学习理论中提出的模仿、积极和消极条件、强化和记忆等概念要丰富得多。

Olga Maratos 在 1973 年的博士论文中指出，在互动过程中，新生儿具有模仿或配合成人面部动作的能力，最近 Andrew Meltzoff 和 M.K.Moore 进一步完善了这个理论（Maratos, 1982; Meltzoff & Moore, 1977）。在安静机敏状态中，婴儿努力探究成人行为的意义，成人与婴儿精心配合，专心模仿成人的说话习惯和面部动作。

训练与强化 在最初阶段非常重要。起初，婴儿的行为（微笑、发声、动作）是随机的，没有特别的含义和目的，父母对此做出积极的反应，使这些行为得到鼓励和强化。婴儿因此获得反馈，知道自己的行为很重要。当新生儿发现并认识到乳头或奶瓶意味着食物和满足时，为了得到满足，他们会做出各个方面的努力——姿势上的、态度上的、关注度上的、吮吸方式，甚至呼吸模式方面的。稍后，他们会努力做出各种行为，与能够提供给他们这些满足的照看者积极互动。

Anderson Aldrich 是最早做新生儿条件反射研究的人（1928），他用大头针扎婴儿脚底，同时摇响铃声。婴儿会把脚缩回，躲避针刺。这么做了十几次以后，仅摇响铃声，婴儿也会把脚缩回。H.Kaye（1967）研究条件反射的时候，采用了 Babkin 反射法，这种反射法指的是按压新生儿的手掌可以让新生儿抬起胳膊把手放进嘴里吮吸。就在按压婴儿的手掌之前，Kaye 把婴儿的胳膊从身体旁边挪到头部。很快，没有进行手掌按压，胳膊运动也形成了一个完整的反射模式。Kevin Connolly 和 Peter Stratton 在 1968 年也做了这个条件反射的实验，他们把婴儿的手抬起举到嘴边的时候，同时敲响了铃声。很快，敲响铃声就会引起手口动作。这些研究以及后来进行的同类研究显明了婴儿早期形成条件反射的可能性，但是他们忽略了这些应激反应有可能带来的情感反应沉积。这些影响什么时候反映出来，还不得而知。

刚出生的婴儿已经具有感受激励刺激的能力，哪怕这刺激很微小。很多研究使用积极的激励措施，使新生儿的正常吮吸行为发生了变化。例如，向新生儿发出警告、改变口腔内负压的程度（Sameroff, 1968），把普通液体换成甜液体（Kobre &

Lipsitt，1972），可以诱导新生儿增加吮吸活动。

　　Ernest Siquelan 和 Lewis Lipsitt 在1966年做了一些研究，令人印象最为深刻，他们的研究显明了新生儿的快速学习能力。实验显示，出生的第一天，婴儿就掌握了转头运动，只要转头就给他们喂甜水，他们转头的概率为83%。转头反射形成之后，他们又教婴儿敲钟的时候把头转向左边，按门铃的时候把头转向右边，一旦做出"正确"回应，就给新生儿喂糖水。然后，他们增加了程序的复杂性，把这些反过来做，做对的时候给糖水。这个任务很有挑战性，需要新生儿辨别不同的声音，向左向右转头，在糖水刺激的帮助下学习新秩序。婴儿必须忘记已经学会的钟声-左转、门铃-右转，重新学习钟声-右转、门铃-左转。所有的婴儿都在很短时间内（大概30分钟）做到了。这个研究让人印象非常深刻，人们就此知道新生儿在最初的数周就已经表现出极强的条件反射和强化能力。

　　反过来，对父母来说，新生儿的即刻反应能力也成了父母的强化刺激。婴儿的识别能力很有鼓舞性，根据婴儿的行为反应——从昏昏欲睡到神情机敏的状态变化、脸部明快、反应平缓等——父母能学习如何回应他们。如果婴儿的回应与父母期盼的不同，或者对父母没有反应，就会增加父母的焦虑。如果父母给婴儿的刺激过多，就有可能使婴儿不再做出反应。父母着急想要尽快明白婴儿的需求，却没能达到目的，实验观察者

（或婴儿本人）知道这是刺激不够敏感或者方法不适当所致。

记忆能力隐含在新生儿通过经验学习的一切活动中。他们有所偏好或对某些刺激产生适应，都表明了他们的基本记忆能力。为了测试新生儿对某些特定词汇的记忆力，1971年，彼得·艾马斯（Peter Eimas）、欧内斯特·斯克兰德（Ernest Siqueland）和同事们一起做了一个实验，让妈妈们对出生14天的新生儿重复一些不熟悉的词汇（比如温柔、欺骗等），按照顺序每次说十遍，每天说六次，这样一直进行了两星期。在训练结束的时候，延迟42小时以后，婴儿用眼动、转头、眼眉抬起等表现出对这些词的识别。他们能辨别出这些词，并对这些词产生反应，但是还不能识别和回应他们的名字，由此看出这些词汇反复、规律地出现是编码和储存信息的基本条件。

1975年Cohen和Salapatek对刚刚几个月大的婴儿进行实验，测试婴儿的长时和短时记忆力。测验过程中，他们故意插入不相干的因素，尝试对记忆进行干扰，实验结果表明：(1)婴儿的记忆相对强健，对很多干扰性刺激不敏感；(2)记忆可以保存很长时间；(3)婴儿记忆保留最长的往往是那些对他们来说最显著、最重要的事物的特征。

父母与婴儿共同参与、互动、相互给予和接收鼓励性信号最能强化婴儿的记忆，没有任何一个实验室的实验能与此相比。母亲发出一个提示，比如明快的声音，她期望婴儿的脸变得明亮起来，停止随机运动，头部转向她的声音，这个效果之前曾经出现过。如果婴儿立即转过头来，似乎想起曾经的事情，母亲会倍感鼓舞。"他认识我的声音！""看呀，她听着呢！"她做这事的劲头更大了。母亲做这类事情的能力增加，她的动力就会增强，对婴儿的回应也会更热烈。

婴儿互动量化研究

过去在对婴儿和父母的行为进行量化研究时没有儿科临床医生和心理分析人员参与。研究人员的观察仅限于行为的可测量方面；临床医生更多关注行为的质量和意义，关注行为更深层次的细微差别，而不是量化。在任何研究中，对观察者进行可靠性评级非常重要，同时，他们常常发现，对他们要观察的行为进行量化非常困难。对临床医生来讲，相较于行为的意义、强度以及它诱发互动对象回应的程度来说，行为的发生率并不是那么重要。

早期量化研究关注的主要是不同行为的发生率。比如，Harriet Rheingold将婴儿及看护者的行为一一记录下来，形成清单（Rheingold，1961）。她的行为观察记录有严格的时间限制：在4小时内连续观察，每25分钟记录一次，头10分钟，每15秒记录一次。行为的发生频率也被记录在内。比如，妈妈在

1小时之内对婴儿说话10次,婴儿的口头行为反应发生了3次。她的这种观察在早期互动研究中很典型。

观察进行得越来越精细,人们越来越多地认识到婴儿在互动过程中的主动性。Richard Bell强调,婴儿状态(比如,新生儿不受控制地抖动、婴儿头部的形状)激发出新手父母保护和养育新生脆弱后代的动力。他是第一个对依恋理论没有关注互动双方行为细节而进行批评的人,引起了人们对更微妙但可能更重要的婴儿行为能力的研究兴趣,这些能力可能有助于婴儿俘获父母的关注和爱心。对互动双方进行客观、量化观察和描述是必需的,这大大推动了母婴互动评估微观分析技术的发展。

互动研究必须包括量化研究,行为量化披露出行为导向及基本模式(侵入型、回避型、极度活跃型、互反型等)。对相继发生的行为进行客观观察,使人们发现了互动伙伴之间的"因果"关系以及单独行为举动之间的"因果"关系。行为的时间分布,可以显示出行为的周期性和节奏。最终,行为量化研究有助于解释行为的"意图"或"意义"。例如,根据不同频率的注视回避,可以区别出婴儿是在回避接触,还是要终止互动,或是类似于自闭症的行为。行为的微妙不同甚至可以表明是行为冲突,还是攻击性意图。当然,对这些量化数据的解释需要结合更多类别的观察。

有些行为肉眼看不到,只有通过离散时间单元分析才能发现，例如，视频帧分析。互动数据分析使得研究工具更加的精密，比如，为了描述语音语调采用了声音摄谱仪；为了对交互行为的序列进行分析，采用了帧框分析法；而某些行为模式只有在机械记录中才会显露出来。Colwyn Trevarthan做动作研究时指出："直到电影摄影术发明，人类对细节动作的观察就如在望远镜发明前人类看行星那样遥远"（Trevarthan，1977）。

11

情景互动

目前，人们对父母与婴儿互动的研究，包括我们自己做的研究，其研究方法已经从单一行为和离散时间单元分析，转向了更全球化、更情景化的研究方法。将单一行为放在一起，行为和反应模式变得有意义了。可以将父母的行为集群看作一个外部刺激，婴儿的行为集群看作一个应激反应。互动双方的行为（以及互动双方的情感反应）在互动特定阶段中隐含着不同的意义，比如，一个互动可以分解为启动、调节、维护、终止等阶段。同样的行为，在不同的阶段含义不同。因此，一定要把互动看作一个具有启动和终结的循环过程。在每一个循环里，行为可以被标记上各种特性——打扰、互惠、共情或违背。

在这种互动模型中，假设互动双方相互影响，一个成员影响着另一个成员的行为和回应，这个成员的行为也被另一个成员影响和制约。每一个成员都对影响自己行为的对方心存记忆和期盼。本书第二部分描述的婴儿的所有个体差异都影响着父母，而父母的往事以及对孩子的幻想，决定了他们被影响和做出回应的程度。

互动中的交流也在我们的研究范围之内。婴儿的行为可以被看作对父母的反应有决定意义的信号，面部表情、游戏、声音都可以被互动双方用来引发对方的反应。情感表现的强度也可以表达不同的含义，这包含两个方面：交流的内容以及对交流的管理（Brazelton，1976）。内容指的是事件或物体，类似于Watzlawick、Beavin 和 Jackson 于 1967 年说到的"报告"。管理指的是交流双方相互接纳、拒绝或对当前互动状态的调整等。这是"元交流"（也就是说，关于交流的交流）。

虽然每一个单一的手势或表情都代表着一种交流，但行为的时机加上一系列敏感行为交织在一起所表达的信息就远远超出了单一行为本身。比如，妈妈俯下身子，两手托着婴儿的臀部，将四肢乱动的婴儿抱起，用火热的目光和温柔的声音把婴儿浓浓地笼罩起来。在这五种行为中，她会强化其中的一种，也就是她的声音，以引起婴儿的反应。随着她温柔地提高声音，婴儿做出了一系列的反应——整个身体放松，面容缓和，紧紧地盯着她，发出轻柔的"咕咕声"。为了刺激婴儿做出回应，妈妈一系列行为中的每一个组成部分和她的声音一样都不可或缺，为了引起婴儿对她的关注，婴儿必须被"牵制住"。

妈妈也需要学习了解婴儿的行为集群系统。妈妈有一种能力，可以将婴儿的注意力完全吸引住，促使婴儿保持机敏状态，并允许必要的注意力暂时性退缩，在沟通中，这种能力对她来讲至关重要。角色转换也很重要，如果她发出的期望或行为可预测，婴儿可以从中获得线索，判断信息是否相关，这样，她就为婴儿学习与她交流提供了必要的基础。

非语言沟通要求婴儿能够在一定程度上控制神经运动以及心理生理系统。婴儿必须能够对外界认知和情感线索保持机敏和较长关注，同时，婴儿必须对自己有足够的认识，以免受外界刺激过大。随着中枢神经系统的发育，婴儿自身和外部世界对婴儿来说都充满了神秘。每揭开一层面纱，他们就寻找到一种内部平衡，直到神经系统将他们带到更深的层面。神经系统的成熟带来新的失衡，会将原有的内部平衡打乱。神经系统逐步成熟，伴随着各种技能增加，婴儿对自己的控制系统的认识也越来越多。父母在每一个阶段都要进行再调整，找到新的更适合的方式，与婴儿进一步互动。

控制论似乎依然是这种相互锁定、互相反馈系统的最佳诠释（Walcher & Peters，1971）。在持续反馈循环中，母亲-婴儿和父亲-婴儿的二元关系，以及母亲-父亲-婴儿的三元关系都清晰可见（Tronick 等人，1977；Brazelton，1979；Dixon 等人，1981），婴儿学习与每一个互动伙伴进行同步与分化，相反，父母也学习和婴儿进行同步与分化。系统的每一次分裂，都会引起三元关系中的每一个成员的分离、分化和个性化。通过重组，每个成员都获得平衡和再同步的感觉。

动力来源

在反馈系统中，成熟要付出昂贵的代价，成熟的动力来自两个方面（Brazelton & Yogman, 1986）。预期行为完成，互动循环结束，会对婴儿产生内部影响。简言之，期盼产生能量；预先意识到步骤的完成，会让人得到满足和鼓舞。这样，在成长中婴儿产生一种掌控感，释放出能量驱动婴儿转向下一个成长目标。

与此同时，如果婴儿被悉心养护，也会促进婴儿的发育，每一个经历都得到强化。如果婴儿发出"哦……"的声音，父母回应说"没错！"他第三次说"哦……"的时候，父母很有可能会说"你太棒了！"在这个环节，婴儿所发出的每一个口头行为都得到鼓励性的回应。父母不仅看到并认可婴儿取得的成就，在此之外往往还发出更多的信号，这些信号与父母的积极鼓励共同作用，成为婴儿的成长动力，促进婴儿更积极努力地满足父母的期望。婴儿发出"哦……"的声音，父母很可能加上更多信息，回应说："哦，对了！"就这样，父母不仅对婴儿进行积极的鼓励，还为他设立了新的发展目标。

理想情况下，这两种动力——内在的和外在的——相互平衡，共同促进婴儿的发展发育，又增加了婴儿的掌控感，使他越来越感受到自己的能力。这种内在表现，以及在自主神经系统和中枢神经系统控制中的反馈回路的闭合，成为情感的前导和能力的认知，有助于婴儿发展自我（Brazelton，1981）。

如果婴儿状态良好，每一个新的动作都会带给他这两方面的激励。然而，无论是内部还是外部的反馈系统，均由基因遗传决定。无论哪种系统缺失，婴儿的情感和认知控制都有可能出现问题。如果（1）因多种原因，婴儿对刺激没有反应；（2）婴儿的刺激摄入阈值低，外界刺激很容易就超过了他的承受能力。如果环境对婴儿的反应也不适当（无论是高了还是低了），那么互动都会出现问题，让人沮丧。如果互动一再失败，婴儿的某些关键反应机制可能就不能得到发展，婴儿有可能会变得孤僻、冷漠，甚至无法健康成长。

我们在本书第一部分还谈到另外一种强大的早期互动动力，就是父母的过往经历。在第四部分，我们将探索父母的各种幻想以及它们的影响，还有可能产生这些幻想的各种场景。

婴儿与物体

T. G. Bower（1969）、Jerome Bruner（1969）和 Colwyn Trevartan（1977）在研究婴儿对世界的早期探索的时候，最先界定了婴儿关注物体的调节系统。他们发现，当婴儿注视某个物体时，他们的所有行为都表现出对物体的全神贯注的关注。当物体出现在他们的可视范围内时，他们不仅表现出明显的被吸引的注意力状态，整个身体也都跟着做出相应的关注反应。

在这些研究中，六周大的婴儿睁大了眼睛盯着物体，足足两分钟没有移开。他们神情专注，面部肌肉紧张，眼睛盯着物体，嘴巴和嘴唇冲着物体努出。在这个几乎静止的专注过程中，偶尔出现面部肌肉抽搐，舌头也偶尔向着物体突然吐出又迅速收回，间或朝着物体发出短促的声音。在整个关注过程中，婴儿的眨眼动作变成了偶尔的单眼眨动，躯体一直呈紧张、固定坐姿，努力使物体保持在他的视线中部。如果物体由一边移到另一边，婴儿就会相应挪动身体，双肩向前移动，好像要"扑"过去似的。这个时期，婴儿似乎能够抵挡一切干扰他对外来刺激进行长期关注的因素，抑制引发干扰刺激的各种行为。婴儿身体的各个部分逐渐都紧张起来，直到最后注意力突然转移，从关注状态中解脱出来。

这里描述的行为，在婴儿12—16周大的时候变得更加引人注目，不过，在婴儿出生4周的时候已经能看到这些行为。

婴儿与父母

婴儿对关注物体的行为和他与父母互动的行为很有大的不同，这早在刚出生4周时就表现出来了。

当然，和静态物体互动所怀的期望与和反应灵敏的人互动所怀的期望非常不一样（Piaget，1951，1954）。令人惊讶的是，这种不同在婴儿的行为和注意力方面早有体现（Brazelton，1976）。婴儿与父母互动时，呈现出一个关注循环，在这个循环中，互动的任何一方启动关注后，随即发生关注回缩，也就是说，收回关注力，等待对方回应。在这个循环中，决定互动双方相互回应的是多个行为的合集，而不是单一行为。仅仅一笑，不足以促使对方微笑，同样，口里发出的一个单一的声音，也不足以引发对方的发声回应。但是，如果微笑和发声以外还伴随着其他更多行为，引起对方做出回应的概率就会大大提升。若要了解是哪些行为合集引起了对方的回应，还要明白他们之间的情感关注状态。换句话说，互动的强度本身决定了互动行为的意义。母亲以某种方式回应，互动的能量增强；换另一种回应方式，婴儿可能会转身离开。母亲对婴儿行为的回应也是如此。因此，预测交互行为比预测婴儿对物体的关注要复杂得多。

母子互动的复杂性在图形中得到了最好的展示（Brazelton 等人，1974）。图中显示的是母婴互动的数字表现。横轴代表的是时间，竖轴代表的是行为数量。横轴上方的曲线代表的是个体在观察他的互动伙伴，横轴下方的曲线表示他正在看别处。实线代表母亲的行为，虚线代表宝宝的行为。因此，在横轴下方的那条深深的虚线表明，在多次行为发生过程中，婴儿把视线移开了。

在图1（16秒的互动）中，当婴儿转向妈妈的时候，妈妈看着他。当他们目光对视的时候，妈妈又多加了一些行为——微笑、说话、触摸婴儿的手、抓住婴儿的腿——使他们的互动得

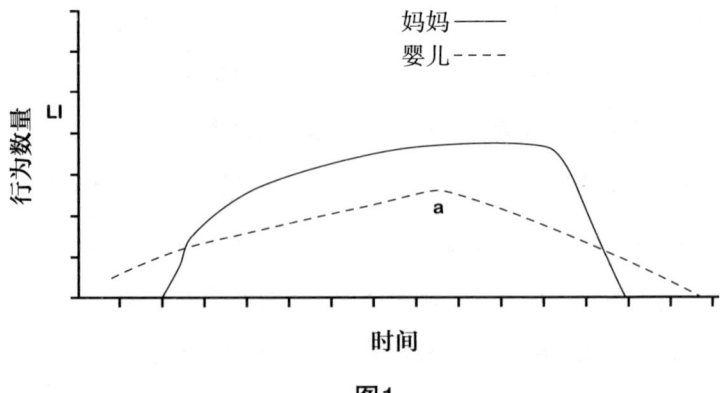

图1

11. 情景互动 / 137

到升级。婴儿的行为数量也增加了，对妈妈做出回应（微笑、说话、划动胳膊和双腿）直到互动达到高峰点（点a）。从这个点开始，婴儿的行为开始减少，逐渐结束互动。妈妈随着婴儿的节奏，也快速地减少了回应，在婴儿目光挪开之前转移了自己的目光，也结束了互动。图2（5秒互动）显示的是婴儿看着妈妈，启动了一个互动循环。妈妈回视婴儿，并快速加入另外4个行为——触摸、微笑、说话和点头。婴儿看着她，口里发出声音，向她微笑，这个周期很短，他俩的相互回应迅速减少，目光迅速从对方身上移开（点a）。婴儿转开目光的时候，妈妈停止微笑，立刻加入其他面部动作，试图重新引起婴儿的注意。她继续说话、触摸、点头，做各种面部动作，直到点b。在

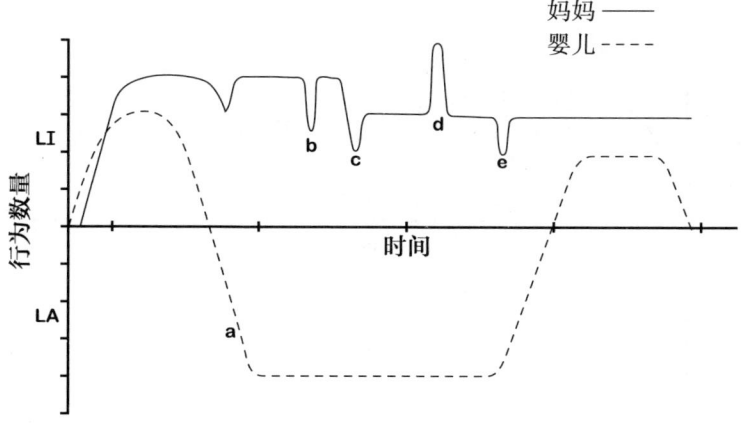

图2

这个点上,她的面部动作停止,开始轻拍婴儿。在点c,她停止说话和点头。在点d,她做了些手势,多了些面部表情,不过很快就都停止了。在点e,她停止口头动作,婴儿再次看着她,口里短暂地发出声音,妈妈活动继续时,婴儿又把目光移开了。

在图3(同样是一个5秒互动),妈妈和婴儿彼此对视,互相微笑、对话。婴儿启动互动循环,并试图引起妈妈的回应。在点a,婴儿的目光从母亲身上移开,妈妈的回应是低头看自己的双手,暂时停止了自己的行动。这让婴儿再次回看她(点c)。她向婴儿俯下身子,对着婴儿微笑、说话,使得婴儿也向着她微笑。另外,婴儿的四肢运动起来,眼睛看着她的时候,嘴巴里也呜里哇啦地发出声音。婴儿目光转开的时候,妈妈又加些行

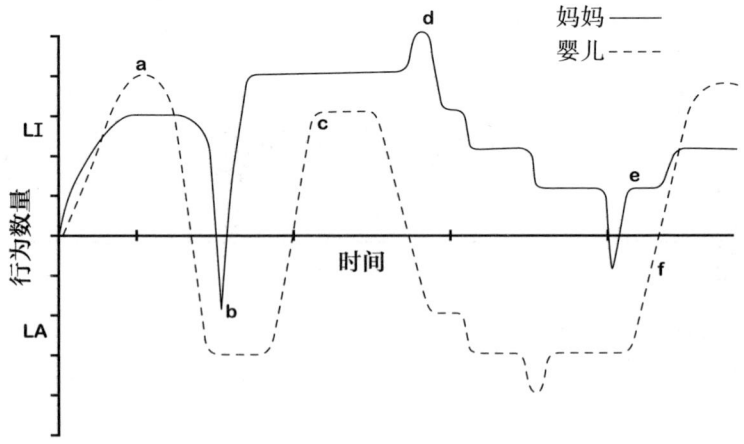

图3

为和表情。婴儿的动作也增加了——忽视妈妈的提示——目光又再次从她身上转开；妈妈的行为也都渐渐地停止了。在点e，她的视线从婴儿那里转开，婴儿的目光再次转向她，在点f他们之间的互动开始再次循环。

在许多层面上都可以看到互动力量对每个参与者行为的影响。根据看和不看母亲对婴儿注意力聚集和分散进行测量，在1分钟的互动里，平均有4.4个明显的注意力聚集和分散周期。婴儿对母亲发出的注意力在广度和时间长度上比对物体投注的注意力要窄和短，不过，对母亲的注意力是逐渐平稳上升，达到峰值，又渐渐消失的。无论是上升还是下降，都是缓慢和平稳的。

妈妈维持互动的最有效技巧就是对婴儿的注意力保持敏感，知道婴儿关注她一段时间后，需要收回对她的部分或全部关注。短时间的注意力聚集和分散循环看起来是构成所有长期互动的基础。虽然看起来婴儿对母亲的关注是持续的，但是定格分析却揭示出婴儿对母亲的关注存在着聚集和分散的循环特征。在这种紧张的互动过程中，通过视线转离，婴儿对他们所接受的刺激量保持一定的控制。

这种注意力聚集-分散规律是前面描述的自我平衡模型的基础。母亲必须留意并尊重婴儿对这种规律的需要，否则婴儿尚不成熟的心理生理系统就会超负荷，婴儿为了保护自己，会将注意力从母亲身上完全撤离（Brazelton 等人）。在这种连贯的节奏性互动中，母亲和婴儿会使用各种交流方式——微笑、说话、姿势和触觉信号，并随意互换。这种结构的个体差异决定了互动的限度。母亲可以在这些限度内调整自己的节奏。当她节奏过快时，会降低婴儿的沟通水平；如果她节奏放慢，则可以期待婴儿更高层次地参与和交流（Stern，1974a）。她不同的节奏使婴儿产生不同的反应，这可能是婴儿了解自己控制系统的基础。随着刺激程度的逐渐变化，婴儿学会基本的自我调节。同时，母亲也在认识自我以及她的角色。母亲必须学会保持平静，不要过度刺激婴儿，减少导致婴儿停止互动和自我调节的刺激。在互动的每个阶段，母亲都在学习大量的育儿知识。

早期互动中父母的差异

在刚出生的最初几周里，就能看到母婴互动与父婴互动之间的差别。差别基本表现在互动的性质上（Yogman 等人，1976）。父亲们倾向于高强度、高刺激的游戏。他们戳弄或者触摸婴儿，使婴儿的兴奋度大大提升。当婴儿听到父亲的声音、认出他的面孔等特征时，就会产生耸肩等反应。婴儿先是仔细观察父亲的一举一动，然后咯咯地笑，兴奋地大叫，短暂平静后，再度兴奋起来。婴儿与父亲的互动比与母亲的互动峰值更高、时间更长。

随着时间的推移，这些差异稳定起来，带来可预测的反应。根据这些差异发出的不同信号，让成年互动伙伴知道婴儿认出了他，并期待着他的回应。它们也代表着成年互动伙伴的角色作用，比如，母亲象征着浓浓的母爱，而父亲则预示着各种游戏。这些模式的稳定性也意味着婴儿需要父母的反应具有可预测性。父母的反应不同丰富了婴儿对这个世界的认知和情感预期。

在互动中，父亲逐渐认识到自己的角色，母亲也是如此。他不断调整自己应对婴儿的行为和节奏，渐渐习得自己对婴儿的回应和养育能力。婴儿对他表现出来的特殊行为使他感觉自己很重要，坚定了他的角色。父亲在养育中的成长和发展，与母亲所经历的各个阶段相同。父母依据婴儿的非语言线索和婴儿进行互动，两个人逐渐认知自己的养育者角色。

12

冷面研究

在母婴互动中加入一些具有特别用意的干扰因素,可以让我们了解到比没有被人为干扰的母婴自然互动更多的内容。"冷面"情景是人们最为熟知、也是探索最为彻底的一种研究方法。在波士顿儿童医院儿童发展部,我们和同事们一起,自1978年以来,对这种实验情景进行了调研和录像(Tronick 等人,1978)。

在基础研究时,我们用了两个摄像机,一个聚焦在婴儿的脸和上半身,另一个聚焦在母亲的脸和上半身。摄像机被设定为分屏记录模式,对他们的每一秒互动都做了实时记录。

婴儿得到安慰和满足之后,被安置在一个挂有窗帘的小房间的游戏台上,坐在婴儿座椅里。妈妈被要求进入小房间,"和坐在椅子里的婴儿像在家里一样玩耍"。除了不能把婴儿从座椅中抱出来,她可以做任何事情。我们要求妈妈和婴儿玩耍3

分钟后迅速离开。1分钟后,妈妈立刻被要求返回小房间,进行第二个3分钟实验。这次,我们要求她不要有任何表情,也不要对婴儿做任何反应。这样,她就打破了先前游戏所建立的预期。这种情况将检验到婴儿对反应预期的依赖程度,同时显示出婴儿的应对行为特性。在过去的十年间,我们对数百对二元关系中1—4个月大的婴儿进行了研究和分析。最近,我们和Suzanne Dixon、Michael Yogman一起(Dixon等人,1981),对实验进行调整,研究了父亲和婴儿在同样情景下的互动。我们也研究了盲童和明眼父母、眼盲父母和明眼婴儿(Als等人,1980)、脑损伤婴儿、面部先天畸形的婴儿,以及更近期进行的早产儿和他们父母之间的互动(Als & Brazelton,1981)。

通常情况下,一个3个月大的女婴对情况的反应可能会有如下的进展:在进入第二个3分钟阶段之前,婴儿独自待着的那段时间,她安静地低头看自己的手,用一只手抚弄另外一只手的手指。妈妈进来的时候,她手上的动作停止,向着妈妈抬起头来,与妈妈做目光接触,并露出微笑。妈妈的面孔像戴了面具一样没有任何变化,婴儿迅速看向一边,依然保持安静,脸上显得严肃起来。她的目光移开了20秒,然后又定睛在妈妈的脸上,眉毛和眼皮上挑,手和胳膊微微向妈妈伸出。当发现妈妈没有回应时,她的目光再次垂下,看着自己的手,玩弄自己的手8秒钟,再次查看妈妈的面孔。这时,她微微打了一个哈欠，眼睛和脸向上抬起，用一只手拉动另一只手的手指，躯体的其他部分没有动作。哈欠和颈部伸张持续了大概5秒钟。婴儿的一个胳膊突然轻微地向外弹出，又快快地瞄了一下妈妈的脸。她的胳膊一直在抽动，嘴唇下弯，眼睛眯了起来，半闭着。她把脸扭向一边，但依然将妈妈保持在可视范围内。她再次抚弄起手指，双腿向妈妈伸出，又快快收回。她向前倾，倒下来，把下巴靠在肩上，低垂着眉毛看着妈妈的脸。这最后的姿势持续了1分钟，这期间大概每10秒钟瞄一眼妈妈。她短暂地做个鬼脸，面部表情越来越严肃，眉毛也皱了起来。最后，婴儿完全放弃，身体蜷缩着，头垂下来，再不看妈妈。她开始用手指摆弄嘴巴，嘬起一个手指，晃着头，盯住自己的脚。她看起来小心翼翼、脆弱无助、了然无趣。3分钟结束的时候，妈妈起身离开，婴儿稍稍看了她一下，脸上的忧郁和蜷缩的身体并没有变化。

在冷面情景中，婴儿一直反复尝试引起母亲的反应，然后表情忧郁，目光从母亲身上移开，最后是从互动中退缩。这一切都发生在3分钟之内。事实是，在这种情景下，由于不能再次引起妈妈的注意力，婴儿们普遍大大失望，在妈妈的拒绝面前，婴儿们显得非常脆弱，这些都显示婴儿过于依赖母亲的"笼罩"——母亲给他们的可预见反应。努力和抗议之后，他们陷入自我保护状态。首先，他们试图回避自己忍不住要看妈妈的需要；然后，他们试图完全忽视当时的情景；最后，他们用自己的方式自我安抚去了。这些连续的行为显明他们的脆弱以及他们对母亲之前教给他们的互动反应的强大期望。这三个阶段的反应与住院留医婴儿的行为阶段进行了比较（Bowlby，1969）。

我们进行了各种情形的冷面实验，妈妈被要求在面对婴儿时想象他们过度疲劳和沮丧时的感受，这使婴儿的表现发生了明显的改变。他们出现短暂积极诱导行为的频率增加，出现了消极反应，如抗议或戒心的概率也增加了（Cohn & Tronick，1983）。

我们计划要做这个调查研究的时候，是想要调查一下父母的行为对婴儿的影响，并没有设计调查婴儿的沮丧对父母的影响。然而，在实验过程中，我们却意外地发现，当婴儿变得失望和退缩时，妈妈也变得不安与沮丧起来。参与实验的妈妈们将她们的感受告诉了我们。坐在宝宝的对面，却不能对宝宝发出的行为邀请做回应，她们的情绪异常波动，一边为发现自己对宝宝的重要性而激动，一边为宝宝的主动示好能力而激动，同时感受到非常难过。她们说："我唯一能做的，就是不要回应，感觉就像是把我的宝贝抛弃了，就像把我和她撕开了，我好像失去了一部分身体。我既难过，又愤怒，继而绝望。我再不会这么做了！你们允许我回去和宝宝应答的时候，我感觉开心死了——那是一种真正的成就感，我们对彼此是如此重要！

彼此之间的了解更多了!"

　　刚开始的时候,这种沟通上的空白让母亲感到既无助又无奈,甚至害怕。她也很脆弱,不确定自己是否有能力带动和维持互动。互动进展顺利的时候,她从宝宝的回应中获得鼓舞和激励。在冷面实验中,她眼睁睁地看着宝宝在她面前挫败下去,既意识到宝宝的脆弱,也看见了目前为止自己在互动上取得的成就多么不稳固。这动摇了她在互动的第一阶段取得的信心。情景结束时她简直欣喜若狂,感受到自己不可或缺,感受到她和宝宝作为一个团队,力量多么强大——足以对付宝宝的脆弱,足以给她提供足够的信息使她成长为一个母亲。这种"经历"揭示出为触动彼此她们所做的各种努力是多么重要。

　　这段实验结束后,我们了解到妈妈们看到宝宝回应过度和退缩时的痛苦,邀请妈妈们和我们一起观看实验录像。看到婴儿的行为表现,妈妈们说:"从来不知道我对宝宝那么重要。"然后,他们立刻跑回婴儿身边,试图挽回和弥补缺失的互动。当互动恢复正常时,它的影响就表现出来了。刚开始,婴儿对妈妈充满了戒心,偶尔,他们会弓着身子想要躲开,妈妈向宝宝道歉,说一些类似"真正的妈妈回来了"之类的话。30秒不到,婴儿就放弃了戒备,再次回到正常的互动中。

　　我们将在第五部分看到,妈妈的抑郁会破坏婴儿对互动的预期。有时,她们可以正常互动的时候,婴儿对她的行为预期重新得到了建立。也有些时候，由于自己的原因，她们在互动中不够积极，婴儿既沮丧又无助。这样的情形一再发生，会导致目光回避（重建期望过于痛苦）、胃肠运动过强（压力过大）、自主举动脆弱（焦虑导致）、不愿与和他寒暄的成人互动。冷面研究作为正常互动的放大器，使我们理解了互动中出现的扭曲。

社会互动是一个有规则、有目的的互动系统，在这一系统中，双方都积极参与。冷面情景打破了这个系统的规则，在这个情景中，参与者的目的和意图相互对立。当母亲进入房间，正面面对婴儿时，启动了一个互动，但是她对婴儿不进行回应，在行为上表现出一种与情景的脱离和退缩，就像是她同时表达出"你好"和"再见"两个意思。在试图理解母亲的意图时，婴儿陷入矛盾信息带来的困境中。他们看见妈妈，向妈妈打招呼，试图与妈妈互动，不见妈妈回应，于是他暂时性地转开，退出互动，准备再次引发互动。如果婴儿的努力不能将互动召回，无法引起对方的回应，那么最终他将彻底从互动中撤离，再不互动。

13

早期互动的四个阶段

我们已经考察了早期互动的特征，加深了对互动的了解，现在我们可以勾画一下母婴互动的四个阶段（Brazelton & Als，1979）。我们提到过母婴互动的四个阶段，基于刚刚讨论过的反馈模型以及本书第一部分和第二部分中所描述的父母和婴儿的技能和发展，这四个阶段的阶段性表征分别为：体内平衡控制、长时关注、极限测试、自主性出现。我们一直在阐述母婴关系，下面的内容也将基于母婴关系进行阐述，不过，关系亲密的父婴关系与母婴关系相似。

体内平衡控制

婴儿的首要任务就是对他们的输入输出系统进行控制。他们既要能够吸收外界刺激，又必须对外界刺激具有抵挡能力，同时要能够控制自身的各种状态和生理系统。为了关注参与互动的成人，婴儿必须能够控制他们的肌动活动、意识状态和自主反应。对成人发出的刺激进行关注需要能够控制以上所有情境。要实现关注，婴儿必须逐渐了解引起关注的先导因素，以及这些因素带来的行为反应。这个阶段出现在婴儿出生的第一周到十天的时候。父母要做的正如我们所看到的，就是学习和婴儿融合，学会控制自己，不要给婴儿精细的平衡添加过多的负担，学习使自己的行为适合婴儿特定阶段的需求。这是学习照管婴儿的第一步。

母亲与婴儿情感相连，使母亲可以感受到婴儿的控制系统。有一位妈妈曾经这样描述她的经历："我感觉自己就像是潜伏在宝宝身体中一样——好像自己又变成了婴儿，我就是那个宝宝。看到她那么能干，我感觉更像是我在和她一同为了保持关注做出一切努力。刚开始，我为什么都替她做，经过观察我发现，'帮助'她学会自己做远比替她做更重要。她那么努力，我也和她一起奋战。我忍不住想要一直把她抱在怀里。"

我们在第一部分中描述的关于身份认同的知识让她受益匪浅，使她认识到婴儿在这个混乱时期为了取得对自身的掌控所做的艰苦努力。阵痛与生产之后，母亲难免会陷入分离焦虑、抑郁和混乱之中，她必须与这些感受抗争，宝宝自身能力的显现是对她巨大的安慰和鼓励。我们向一对刚刚做了父母的夫妻介绍新生儿行为评估量表（NBAS）时发现，让他们了解刚刚出世的孩子具有的能力非常重要，母亲与宝宝的身份认同可以帮助她更好地接受与宝宝在生理上同她的分离，也可以更好地满足这个新生的独立个体的需求，要做到这些通常都相当困难。

长时关注

达到一定程度的控制力以后，婴儿开始做出关注表现，依据一些社交线索，维持较长时间的关注状态，接受更加复杂的信息，并进行互动。在这个阶段，婴儿开始积极地长时关注对他来讲很重要的成年人。他们控制自己的运动和自主系统，进入关注状态，发现自己的掌控能力。他们学着利用从成年人那里获得的信息，使自己保持机敏。他们的各种能力快速提升——微笑、言语、面部表情、肌动线索——使用这些能力发出互动信号，引发回应。他们学着让自己适应互动中的给予和接受节奏。这个过程发生在出生后的1—8周，在出生第2个月末的时候，可以看到婴儿社交性的微笑和口头回应。这时，互动双方都已经学会了相互激励和长时互动的必要功课。

在同一时间，妈妈借着婴儿对自己有了新的认识，并为自己设立了新的形象。妊娠已经让她知道必须学习进入新角色，矛盾情感的负面影响让她心怀不安，对自己充满质疑。这促使她试图从外部寻找线索，在这个阶段，她不可能对自己感到满意。她向周围的所有人——她的丈夫、她的母亲、医生、护士、朋友、同伴——寻求肯定，对婴儿的反应也高度敏感。每一个线索哪怕非常渺小，比如，一个欢快的回应、动作稍微的停顿，对她来讲都是极大的鼓励和肯定，更不要说宝宝发出的微笑了。在渴望得到激励的过程中，她也不断地探知宝宝的承受力、气质和反应风格。她重温过去，贪婪地观察自己的母亲或她的同龄人与她孩子玩耍的情景，寻求各种经验和传统智慧，促使自己不断成长。

婴儿的行为节奏反映出宝宝对妈妈的关注程度，一旦妈妈了解到这一点，她将与宝宝更加同步。她学着配合宝宝的行为，对宝宝做出及时的回应。她学会适时停止，在宝宝做回应的时候安静下来。她学着将自己的行为稍微夸大，引导宝宝更好地回应。宝宝微笑的时候，她笑得更明显，并教给宝宝如何将微笑时间延长。宝宝口中发出声音的时候，她也说出一个简单的字或者声音，供宝宝模仿。宝宝与她的节奏、行为相合时，她就和宝宝融为一体，更加积极地互动，激励宝宝更好地明白她的行为意图。若她做到了这一切，就实现了被宝宝需要的梦想。这时，她甚至会体验到她的母亲与她之间的亲子感受。

极限测试

随着对话的深入进行，父母和婴儿都开始对婴儿的能力极限进行测试和延伸。他们开始挑战各种极限：(1) 婴儿接收和回应信息的极限；(2) 婴儿体内平衡系统退缩和恢复的极限等。在第三和第四个月的时候，对婴儿能力极限敏感的父母给婴儿一种压力，让婴儿有时间和机会知道他们已经具有了合作的能力。母亲已经知道自己的角色，而婴儿也可以开始进行各种尝试了。

经过长期的相互协调，妈妈和婴儿如今可以做各种游戏——微笑对微笑，出声对出声，碰触对碰触。Daniel Stern 分别于1974下半年、1977年、1985年对这些游戏进行了描述，并指出，通过这些游戏，母亲和婴儿都学会了在互动强度、时间节拍、行为节奏以及持续时间方面与彼此的行为相匹配。在这个过程中，互动的每个参与者都更加了解自己，并对互动伙伴给予鼓励。这些"游戏"是婴儿探索自己的自控能力、适应能力的一种方式。对母亲来讲，这些"游戏"帮助她认识到自己的各项能力，比如理解宝宝的能力，特别是鼓励宝宝成长发育的能力。

妈妈和宝宝在游戏的时候，都在体验掌控力。对婴儿来讲，是控制和发出信号的能力。母亲也在培养一种控制力——不仅是对婴儿的控制，而且是对她自己以及她的急躁情绪的控制，是对她想要逃离、逃进成人世界欲望的控制。她体验到了为另一个人完全付出的感觉。她体验到作为一个真正养育者的能力——能够在很多层面识别到别人对她的依赖。她担心自己无能的恐惧在这些游戏中渐渐退去甚至消失。同时，妈妈通常会感受到自己是个充满爱心的人，并为此大受鼓舞。她对丈夫和母亲的爱也越发深刻。当她开始感觉到自己的力量时，她的产后抑郁症开始消失，她体验到了养育孩子的全部喜悦。事后，妈妈们通常回顾说，正是在这个阶段，她与孩子的依恋关系最为密切，她全心全意爱上了自己的孩子。

在第三或第四个月的时候，如果互动没有带给人鼓舞和激励，如果缺乏这些相互试探和互动的游戏，父母与婴儿之间的接纳融合就会出现极大的危机。在游戏的时候感到喜乐，是相互良好融合的最佳标志。正如我们将在第五部分看到的，这一时期的评估和干预将以这些线索为依据。

自主性出现

母亲或父亲允许婴儿成为互动领导者，接受婴儿发出的信号，识别并鼓励婴儿独立搜索和响应环境或社会向他们发出的暗示和游戏邀约,婴儿模仿成人,触摸玩耍玩具——这是一个重要的里程碑。婴儿感知到自己的能力,对她周边的环境进行主动控制的能力得到加固。这个发展阶段最常出现在婴儿四五个月大的时候,在这个阶段,婴儿被喂养的时候会出现停止吃奶、向四处张望的情况。如果母亲允许这种现象发生,甚至鼓励和培养孩子进行这些活动,她就是在鼓励孩子迅速成长,学习自我管理。

在4—5个月大的时候,婴儿发展自主性的同时,认知意识也得到迅猛发展。婴儿对她所看到、听到和触摸到的所有事物都非常敏锐。她能觉察到父母是否在场,根据某些迹象,她能判断父母是否正要离开。婴儿会用哭的方式引起"注意"。婴儿刚刚开始意识到物体的持久性,物体消失以后,婴儿会盯着物体消失的地方不放。随着对周围的世界越来越敏感,婴儿越来越意识到父母的重要性。伴随着觉察力的提高,婴儿开始玩各种游戏,忽近忽远,对依恋关系进行检测。随着对注意力的控制能力的提高,婴儿渐渐与父母分离,越来越独立。

经过3—4个月的密集游戏互动,父母与婴儿的互动体系在婴儿4到4个半月的时候发展到第四阶段,这个阶段被Margaret Mahler称为"孵化期"。在这个时期,父母和婴儿双方都意识到了婴儿的自我管理能力(Mahler等人,1975)。在此之前,母亲(或父母)是互动的主导者。大多数"游戏"都是由父母围绕孩子的行为表现设计的。我们的研究表明,婴儿4个月大的时候,已经能够和父母一样决定玩什么游戏了(Brazelton & Asl, 1979)。

典型的互动通常是这样:妈妈和男婴面对面坐着,宝宝冲着妈妈微笑,拉开了互动的序幕,她带着欣赏也对他微笑。他们相互回应,对视片刻(大概10～15秒),认识到对方的行为节奏和关注度。关注很快被宝宝"打破",看似偶然,他的目光移到别处,通常来讲,会落在自己的一只鞋子上面。为了继续引起他的关注,父母一般会做出更多的尝试。宝宝的视线越过妈妈,挪到另外一只鞋子上面。她努力地想要出现在宝宝的视线中,他敏捷地躲过,又看向第一只鞋子。就这样大概坚持了3分钟,婴儿一直在掌控着互动的节奏,他的目光在两只鞋子之间转来转去,主导着互动。当她放弃努力,把目光看向他处的时候,他会迅速将目光锁定在她的脸上,再次捕获她的关注。在他们的互动过程中,他脆弱的自我管理能力得到了操练。

到目前为止,父母也一直在学着"控制"婴儿,引起婴儿的关注和回应。母亲已经尝试了很多技巧——这些技巧很有可能是从自己过去的经历中学来的,也有可能是一遍遍试错得来的。如果这些技巧奏效,就能延长婴儿当下的状态,她会得到极大的鼓舞。当母亲成功地逗引婴儿绽开笑容,或者使婴儿向她呀呀说话时,她会感到非常温暖。能够控制婴儿的行为反应,使她感觉自己和婴儿心连心,关系密切。就算婴儿的反应很消极——比如哭泣、烦躁——也让她感觉到自己有能力帮助到他。在这头四个月里,婴儿的行为反应至关重要,让母亲渐渐明白自己具备胜任养育重担的能力。

在互动的第四阶段,由于婴儿的自我能力的"孵化",母亲突然不能继续预测婴儿的行为。她接收到一些信号,比如厌恶对视、回避、逃离等,她认为这是些消极信号,婴儿的这些表现让她感到意外。如果她认识不到这是婴儿自控能力加强的表现,她会深深地感觉被婴儿厌弃了。尚在哺乳期的妈妈这个时候一般会打电话给儿科医生,问"是不是该断奶了",儿科医生会告诉她这是一个新现象,外部环境开始引起婴儿的极大兴趣,与母乳喂养形成竞争。这对父母来说不啻为一个打击。父母与婴儿之间密切地相互影响,你来我往地进行信息交流,已经变得非常重要。母亲需要得到婴儿的反馈,以双倍的努力和婴儿保持亲密。虽然这双倍的努力可以鼓励婴儿参与游戏,但是,如果用力过大,也会导致婴儿偶尔"不理会她"。被婴儿拒绝,会挑起她过去曾经感受到的无能和被抛弃的感觉。这种感觉很可能会使母亲与婴儿产生疏离,也可能使母亲更加敏感,更加关注婴儿的需要,认识到婴儿需要"暂停一下",需要一些个人空间。

父母如果不能容忍婴儿的这种独立性,就会忽略和忽视这个时期婴儿的发展。有的妈妈生活中有很多问题，压力很大，比如，单亲或者需要外出工作，她会感觉自己被迫与婴儿扯开了。这样的妈妈不太容易认识到婴儿的发展需求，她需要外界帮助，以促进她对这个阶段的认识。否则，未来将付出高昂的代价，婴儿会更加反叛，更加努力地挣脱她的控制。与此相反，如果进展顺利，母亲（或者父亲）就会认识到并接受婴儿这个时期发展状况的重要性。他们会非常看重孩子自我管理能力的发展，甚至把它看作孩子成长发育的一个重要目标。从精神分析的角度来说，婴儿的自我发展将会很顺利。

有趣的是，与此同时，婴儿的脑电图显示出一个成熟的转变（Emde 等人，1976）。这表明他或她的大脑对认知和情感学习的存储能力越来越强。随着这一转变，其他认知能力迅速增长的迹象也出现了，例如前面所提到的对物体持久性的认识。这个时期婴儿一边继续黏着在母亲身上，一边开始对陌生人产生意识。如果陌生人突然出现，看一下婴儿的脸就闪开，婴儿会大哭或抽泣。在这一阶段，婴儿的手部运动能力获得收获性发展，比如，为了某种期待把手伸出来，伸手去拿一定距离之外的物体，或者把它放进嘴巴里，或者拿在手中把玩。在这个阶段，婴儿晚上的睡眠也开始成熟起来。大多数婴儿这个时期已经能够在夜间睡足 8 个小时。学习睡眠，从快速眼动睡眠进入深度睡眠，是自我管理能力增强的一部分。

所有这些——认知、情感和运动能力的发展——将婴儿推向了一个全新的发展水平，更加独立，占有欲更强，同时依赖于父母坚实的支持。虽然父母可能会偶尔被婴儿拒绝，但也越发被需要，要帮助婴儿体验更多的经历，认可和享受婴儿对外界的关注。

14

早期互动的基本特征

在新生儿初生的数月,亲子对话不断发展,家庭间的个体差异会越来越大,不过,这个阶段良好的亲子关系依然可能存在着某些共同特征。临床医生和研究人员都发现以下概念在评估早期互动方面具有非常重要的价值。

同步性

婴儿的各种生理机制尚不成熟,还处在心脏和呼吸自主运行的阶段。正如我们前面所谈到的,为了关注外界刺激,婴儿必须能够对各种生理系统进行协调控制。一旦照料婴儿的人凭着直觉或有意识地发现婴儿的这种管理系统,她就能帮助婴儿学习如何兴起和停止注意。成人需要做的第一步就是调整自己的行为,以便和婴儿的节奏同步。成人还需要帮助婴儿减少或控制可能会干扰注意的举动。通过学习婴儿的"语言"——婴儿的自主行为、状态、举动和关注行为等——父母可以和婴儿的关注状态保持同步。他们可以引起婴儿的关注,并帮助婴儿在互动中维持关注。为了实现同步,父母要主动迈出第一步。

在同步交流中,婴儿渐渐认识到父母是可靠的、与他互动的人,开始融入对话。相应的,在与婴儿同步的过程中,父母也感受到自己的能力。在临床工作中,我们向父母演示如何与婴儿进行关注同步。一旦父母成功地做到与婴儿同步,大部分心里胆怯的父母就会发现自己的掌控力,既能掌控柔弱的孩子,也能掌控自己(Brazelton & Yogman, 1986)。

对称性

成人与婴儿互动时表现出的对称性毫无疑问并不是完全的对等。婴儿不仅更具有依赖性,他们也完全在成人的掌控之下。参与互动的成人通常是交流的发起者,同时也是交流形式的决定者。互动的对称性指的是,婴儿在摄入信息并做出回应时表现出来的关注力、风格、偏好等也影响着互动的进行。在这种对称性对话中,父母尊重婴儿的能力局限,因此,为了达到并维持互动的同步性,每个成员都积极地参与。我们在调查中总是发现,良好互动的每一个参与者都非常投入,积极参与。确切地说,父母是确保互动对称的责任方。父母必须既无私又自私——在关注婴儿的时候,父母要无私;在渴望获得婴儿的回应方面,父母要自私。为了满足婴儿的节奏和回应,父母必须做好放弃部分自我的准备。

在本书第五部分,我们将看到这个二元关系中每一个成员的具体投入和贡献。作为临床医生,如果我们想要评估和帮助互动失败的夫妇,我们必须帮助他们改变角色,以适应婴儿的个性。这也可能需要将婴儿的参与"成人化",把婴儿的语言"翻译"出来,以便父母理解。了解婴儿的交流模式、能力限制(可能会导致婴儿的退缩行为)和婴儿的反应行为,可以帮助父母掌握如何与孩子达成默契。

相倚性

正如我们所看到的,婴儿发出声音、面带微笑或情感表达的能力,以及接收视听、触觉或动觉信号的能力,都与他当时的状态和自主性能息息相关。在达到内部平衡之前,任何外界信号都有可能超出婴儿的反应能力,也有可能诱发出婴儿的回应。信号发生的时机决定了它的意义。父母发出的信号所产生的影响,与婴儿的注意状态、关注需求以及信号回应等息息相关。婴儿的信号行为能力也与他的自我调节能力分割不开。因此，在出生后的头几个星期里，婴儿的微笑或口里发出的声音的社交意义还没有那么明显，也就不足为奇了。一位观察敏锐的母亲向我们指出，婴儿东张西望，是在了解这个世界，收回目光，是在认识自己。

婴儿向外发出关注时，他用微笑或皱眉向母亲示意，口里发出声音，并附带各种动作，如身体前倾，伸出双手，害羞地拱起头部，等等。妈妈对他进行回应，并通过婴儿的行为判断自己的回应是否奏效。她通过这种方式确定自己应对行为的可能结果，判断"这样做奏效""那样做不行"。在20世纪60年代，研究人员试图用一种刺激-反应模型演示这种相倚性（Rheingold，1961）。在这种模型中，刺激-反应的拟合优度由婴儿回应母亲的微笑频率来计量，母亲与婴儿口里出声的次数代表他们的反应程度。事实证明，用这种方法评估二元互动太过简单。在父母与婴儿对话的任何一种模式中，与对话整体节奏和意义相比，任何一个单一行为都是次要的。另外，早期互动的相倚性需要母亲情感与认知两方面的共同参与。母亲的可预见性相倚反应会带来什么结果，与所谓的选择性调谐也有一定的关系（Stern，1985）。

夹带性

信号与反应的同步，丰富了成人与婴儿之间的对话维度，他们开始期盼对方的持续回应。了解了对方的需求，他们的互动形成就有规则的节奏。这节奏力量强大，带来一种期盼，促使人要么与其共振，要么制止它的运行。这种期盼很有威力，将二元互动中的每一方都带动了起来。每个成员的行为似乎都淹没在 Lewis Sander 和 William Condon 所称的"夹带"中（Condon & Sander, 1974）。就像第一小提琴手，通过制定关注节律，他可以"夹带"乐队其他成员，这个节律是乐队同步的基础。这样，他们的互动达到新的参与水平。二元互动的成员都根据对方的行为来调节自己的行为，所以，并不单纯是婴儿与成人相配合，成人的行为节奏也随婴儿的行为而变化。

有个例子可以帮助理解这种"夹带"，妈妈向2个月大的男婴俯下身子，男婴认出了她，脸上立刻现出欢快的神情，他看着妈妈的时候，四肢保持不动，眼眉挑起，脸上写满期盼，嘴巴努起成"O型"。妈妈看见婴儿如此，就柔声地说："哦……你这个快乐的小男孩！"她说"哦"的时候，他盯着她的嘴巴，模仿她的样子，自己的嘴巴也做出"哦"的样子。他发出"哦"的声音，像极了她的声音。她开心地说："你哦……什么啊？"他叹口气，目光暂时转移，视线又很快转回盯着她的嘴巴和她扬起的眉毛与面孔。看见她满脸的期望，他发出一个更重的"哦！"她等了一会儿，直到他完成发音，她温柔地带着诱导回应他："哦，就是这样！"她说的"哦"在强度和长度上都尽量和他发出来的相像。他的目光再一次挪开，再看回她满是渴慕和等待的面孔时，他做了一个深呼吸。这次，他说"哦-哦"带出的第二个声音就像是落在了一个音乐颤音的三星上。马上，她脸上的喜悦更明显了，肩头沉下，伸出手抚摸他的双腿，她更加惟妙惟肖地模仿他的节奏，回应说："哦-哦，就是这样！"他发现她在模仿自己，仰起脸，抬起肩，再次发出"哦-哦"的颤音，这时，他的投入几乎达到了最高峰。这次的双音节韵律更加清晰了。看到他认出了自己的声音，她是那么开心，不禁换了一个轻快的回应，"你真是太棒了！"她的高调和兴奋似乎超出了他的承受范围，他的目光转向自己的双脚。互动到此为止。

在30秒的短暂互动中，互动双方都在相互模仿，夹带着对方进入越来越丰富的互动中。这种"夹带性"鼓舞着母亲和婴儿，是依恋关系发展的强大因素。

游戏性

我们已经提到过"游戏"这个术语，Stern在1974年下半年曾经用这个词描述母亲和3—4个月大的婴儿之间的"夹带性"互动。"游戏"中，互动双方不断发出各种信号，交互行为引发的期望不断变化。父母希望宝宝在这个年龄段做出各种方式的反应和表达。如果其中一方启动某个模式的互动，另一方就可能在该模式中做出响应。如果母亲微笑，婴儿就会以微笑回应她；她的微笑加深，婴儿的回应就更加明快。在第三个微笑回合中，婴儿可能将微笑转换为"咕咕"地说话。发现游戏已经转换，妈妈也"咕咕"地回应婴儿，婴儿就会改变音调。妈妈对婴儿的回应可能会增加一个词语，婴儿欢快地重复这个词语的声音。她又加入另外一个词，婴儿第三次回应她，她尝试着加深互动，很快婴儿将目光转开，停止回应，好像在说"到此为止吧"。她们再次玩起游戏的时候，可能换成了相互耸肩或做鬼脸。

根据Stern所说，这种游戏大多会延续三四个回合。在每一个回合中，都会快速形成一些规则，并被参与双方遵照执行。互动的时机、深度、强度、长度和模式，都受这些规则所制。

在游戏中，婴儿和父母相互之间加深了认识，相互模仿，互为榜样。他们之间的"夹带性"决定了互动双方共同影响着对话的深度、长度和深度。婴儿学着控制父母以及互动,最终,婴儿对自己有了新的认识。相应的,母亲也在学习维持婴儿注意力的方式方法,以引导宝宝在失去兴致前提高本领。

自主性与灵活性

婴儿认识到自己的控制力,渐渐开始产生自主性。父母为婴儿不断做出同步、夹带、相倚反应,使婴儿的诸多能力得到强化,婴儿渐渐认识到自己可以控制互动的进展。就像我们看见的,5个月大的时候,很多婴儿已经可以发起或退出互动,左右母亲的行为。他们判断形势,俘获观众(Brazelton & Yogman,1986)。这个时期,发起多个回合的互动后,婴儿一般会把目光转向房间的其他地方以终止对话,或者把目光转向双手或鞋子。在5个月大的时候,这种情况的可预测性特别强,我们把这个年龄的婴儿叫作"鞋子婴儿"。

妈妈的回应预测性也很强。为了把宝宝再次吸引到互动中,她会付出双倍的努力。由于感到"被抛弃了",她会努力将宝宝再次带回自己的"笼罩"之下。当她就要放弃和撤退的时候,婴儿通常会再次将目光收回,查看她的回应。在查看的时候,他会刻意将妈妈放在视线之外,并不直视她。我们认为婴儿的这些举动正说明婴儿目的明确，具有自主性，而不是逃避过度刺激。因此，正如我们前面所说，这一时期婴儿的视觉、听觉和触觉迅速发展，许多刺激物都在争夺婴儿的关注，需要婴儿有更大的控制力。

父母的反应具有可预见性，确保了婴儿的自主性发展。我们发现，缺乏安全感的婴儿，独立能力发育较晚。令父母担心和忧虑的残疾儿或早产儿，通常要到七八个月大的时候才能达到正常婴儿5个月大的同等自主水平（Als & Brazelton, 1981）。婴儿在这个年龄段的自主行为是关系健康的关键标志，自主行为缺失，依附行为明显，标志着依恋关系受损。婴儿行为困难或紊乱，母亲需要被帮助，以便知道如何鼓励孩子的自主性发展。这些婴儿的母亲常常竭尽所能试图与退缩型、抗压能力低的婴儿互动，忽略了这些婴儿的自主能力发展需要缓慢的"孵化"过程。

自主性隐含着健康的早期互动的另一个特征，即灵活性。互动对话过于可预测，回应过于紧密，意味着互动双方在某种程度上被绑在了一起。正如Louis Sander在1977年所指出的，婴儿和看护人之间的交流规则，允许大系统中暂时存在松散耦合子系统。在稳定而灵活的互动体系里，子系统中的扰动对整体稳定性的影响不一定非常严重。过于严格地控制互动条件可能会导致母婴或父婴过于相互依赖，婴儿的自主性无法健康发展,不能顺利地脱离对父母的依赖。

亲子互动的这六个特征——同步性、对称性、相倚性、夹带性、游戏性和自主性——是依恋关系早期发展的基本要素。如果前四种特征缺乏可预测性,在游戏性和自主性发展中不能体现出婴儿与父母的分离,人类最初的相互关系就无法得到进一步的发展。

婴儿获得内部平衡后,如果互动关系安全可靠,他们会满怀兴奋地期待对方的回应,随着互动的进行,他们渐渐发现自己天生具有情感和认知能力。他们学会吸引并应答身边的成年人时,体会到交流的好处,开始认知自己和他人的情感。通过接触、回应和放大成人的反应,婴儿学会对情绪环境进行控制。因此,婴儿能够从内外两方面促进关系的发展。他们开始对情绪进行内部控制,同时也学会了如何引起别人的情绪反应。到第四个月结束时,婴儿可以令人惊讶地有效地与他们周围的人"开启"或"终止"互动。然而,在下一部分我们会看到情感和过往经历对互动中成人产生的影响,这两者都使新兴的关系越发丰富和复杂。

第四部分

臆想互动

没有交代背景的书，算不上完整的书。

——Jorge Luis Borges

引　言

本书第三部分所描述的是对互动关系的客观观察，在临床工作中，客观观察至关重要，但它只是整幅图画的一部分。除此以外，我们还必须尝试理解父母对孩子的个人主观看法。这是评估互动偏差原因的基础，也是支持互动健康发展的基础。

互动的客观性研究阐述的是互动关系"是怎么样的"，主观性研究则是互动关系"为什么是这样的"。我们把父母对他们与孩子之间互动的主观解读称为"臆想互动"，这种臆想互动是由他们的幻想发展而来，与他们的近亲、他们的理想和惧怕，以及他们自己童年时代的幻想有极大的关系。新生儿会唤起这些想象中的某些记忆，从一开始，婴儿就在父母的想象中被塑造成了过往场景中的某个人物。

父母对孩子、对为人父母的感受，以及对他们情感生活的描述，可以反映出他们在想象的互动中的投入。新生儿在想象的互动中也扮演着很重要的角色，但是他们不大会是发起想象互动的一方，因为小孩子只有到两岁的时候才开始通过游戏和语言表达他们的思想，我们必须通过他们的行为和表征来推断他们在互动中的主观意愿。

在接下来的内容中，我们将首先定义这些互动背后的一些机制，然后我们将列举这些互动中的一些混乱场景。

15

给婴儿的行为赋予意义

"在与人相处的过程中，一个人对某段关系的看法可能比两人之间真正发生的事情更重要。"令人惊讶的是，这句话出自行为学观察的领导者之一 Robert Hinde。Hinde 认为，一段关系的核心可能体现在被观察者的个人想法中，而不是我们所观察到的客观情形。Hinde 说："母亲总是高估婴儿的行为意图"（Hinde，1976）。母亲们不只关心婴儿的所作所为，还为婴儿哪怕是最微小的声音或姿势赋予深刻的含义，而这些"植入性意义"正是她们对婴儿做出的行为反应的基础（Cramer，1987）。

从出生开始，就像我们在本书第一部分所看到的，甚至从妊娠开始，婴儿（胎儿）所做的一切都被立即赋予了诸多错综复杂的含义。有位妈妈说起她刚出生的孩子："我认为他会很固执；他不想喝，就不喝。他会咬住下嘴唇。我小的时候就很固执"（Meares 等人，1982）。现在，许多研究者都认识到了"意义归属"的重要性。例如，Jerome Bruner曾经注意到母亲从成人行为意义的角度解读婴儿的行为的情形，比如，从婴儿口里发出的第一个声音中，母亲能解读出各种各样的含义，通过这种方式，她把婴儿引入成人世界，将婴儿带进不断复杂的语言应用中，Bruner将这种现象称为"语言习得机制"（Bruner, 1983）。

婴儿对自己行为的认知受到父母对他们行为归因的极大影响。父母对他们行为含义的解读，是一整套情感和价值观的体现，表明了父母对婴儿行为的支持或禁止，极深地影响着婴儿的经历、行为表现和行为特征。父母对婴儿的行为进行意义解读的时候，会使用各种标签，比如，"好""坏""固执""聪明"等，伴随不同含义的解读，父母时而快乐，时而焦虑，婴儿据此对自己的能力进行判断，也据此判断他们行为的可行性。孩子们的表现在很大程度上受制于父母的期望、偏爱和厌恶。父母通过模仿、赞赏等行动向孩子们表明自己对他们的行为意图的理解，婴儿就此渐渐"学会表达自己的意愿"（Dunn, 1982）。

Hinde认为母亲对婴儿行为意图的高估类似于一种虚幻的错觉，决定母亲行为反应的不是婴儿的客观行为表现，而是母亲对婴儿行为含义的解读。母亲解读出的含义来自她们自己对世界的认识、对善恶的判断、对人们行为方式的理解。决定这一切的是母亲对世界的主观认识，是她的过往经历、心理矛盾以及价值判断，等等。我们的看法与此不同，我们认为父母对婴儿行为含义的了解是一种主观判断,而非错觉。父母对婴儿行为做主观判断是一种普遍存在的现象,对亲子互动有很大影响,但并非不正常。事实上,我们认为父母对婴儿行为意义的判断是婴儿正常发展的基本要素。如果不从父母眼中解读他们行为的含义,婴儿如何了解自己呢?如果意义归属不能为婴儿的行为打上特定的价值色彩,家庭和社会价值观如何传承呢?

投射

在精神分析里面,意义归属被称为投射或投射性认同。换句话说,也就是,我们把实际上属于自己的情感和形象转移到他人身上。再次声明,我们不认为这是病态反应。事实上,我们认为这是对社会的适应:通过把自己内部的情感和思想归属到他人身上,我们就对同一事物产生出移情和归属感。

然而,若过分投射,无视对方的个性,将会扭曲现实,对人际关系造成困扰。特别是敌对和强势情绪被投射的时候,情况尤其如此。

在婴儿的临床实践中,我们既看到投射的适应性,又看到它的破坏性。一定程度的投射可以形成这样的互动:婴儿被赋予父母最珍视的特征,他的任何能够印证这种形象的行为都得到父母的鼓励和喜爱。

相反，在病态投射中，父母赋予婴儿一种与其天性完全不一致的特征：婴儿被视为有明确意图或具有成人特征的人，甚至被赋予超自然能力。不管他们潜意识里把婴儿塑造成了英雄还是恶棍，父母的投射强度和性质决定了父母在多大程度上识别婴儿的个性。父母描述婴儿"问题"的时候会显露出他们对婴儿的投射，不过，有时将"幕后"情节显露出来，需要很长一段时间，直到父母把他们对这些"问题"的看法和他们自己的过往经历关联在一起。在父母与婴儿的臆想互动中，隐含着父母自己的过往经历。

很多年以来，与婴儿打交道的临床医生已经意识到，孩子的"症状"可能是父母潜意识的心理冲突的高度表现。父母身上的相关矛盾和冲突得到解决以后，婴儿的"症状"也随之神奇地消失了，这种现象也证实了我们的推论。就好像父母的某些心理力量可以直接影响婴儿的行为，这种效应通常被称为"感染"。父母和婴儿之间的这种深层的心理上的相互交织（以后会更隐蔽）可能是由两个因素造成的。

分娩后不久，立即展开一种强大的心理力量重组，父母回到自己的早期婴儿模式，他们的心理冲突和焦虑随之加剧。一些人称此为父母的"婴儿神经症回归"（Kreisler, 1981）。

Margaret Mahler 所描述的婴儿的共生和融合现象也可能发生在父母身上。我们所说的"共情""互惠""主体性共享"，很大程度上取决于父母对婴儿的认同,以及他们与婴儿融合的潜意识幻想。

Mahler认为共生是婴儿经历的第一阶段,也是很正常的一个阶段,是孩子早期发育的一种缓冲。婴儿的个性就在父母与婴儿之间存在的这种相对未分化的状态中逐步发展。Mahler认为母亲很难舍弃这种共生关系,除非她回到自己与母亲分离的幻想中。这种共生关系并不一定排斥对婴儿信息进行客观解读,以及对个性的尊重。虽然母亲仍然把婴儿看作自己的一部分,把婴儿的行为或症状看作自己内心情感和幻想的表现,但她同样能感知婴儿的"客观"存在。做父母工作的人必须认识到这种双重性:一方面,父母视婴儿为自己投射在他们身上的情感和思想的复合体;与此同时,父母仍然能够客观地"读懂"他们的孩子。说到臆想互动的作用,我们认为孩子的发展既由父母的幻想所决定,又受他们自己的天生动力驱使。这些不同的力量相互作用,相互影响;婴儿的先天特征(性别、外貌、状态的清晰性、自我调节能力等)塑造了父母对孩子的幻想;婴儿在父母的感知上留下了他们基本特征的印记。同时,父母用他们的幻想、期望和内心冲突强化或抑制婴儿的行为。

在接下来的内容中,我们将会描述一些常见的幻想以及可以观察到这些幻想的场景。在每一个案例中,我们都试图将观察到的显性互动与潜在的臆想互动联系起来。父母的幻想可以列为下面三种：

    1. "幽灵"再现：代表父母的某位已经逝去的重要人物；

    2. 过去再现：过去关系模式的再现；

    3. 自我呈现：父母无意识的部分自我的呈现。

    这些幻想很普遍，是人际关系的基础，新的依恋关系通常建立在旧的基础之上。我们会看到，它们也会新旧重叠出现。通常情况下，我们会在一些离散的片段中看见历史的再现：常有人说，这个孩子像他的祖父；他的名字是父母挚爱的某个亲人的名字；或者婴儿被认为具有与父母童年时期的一个受人尊敬的成年人相同的天赋。更微妙的是，孩子可能会产生父母童年时经历过的情绪反应。这种现象常常转瞬即逝，例如，一位母亲突然觉得听到了她母亲唱歌的声音——其实是她的女儿在唱歌。人们常常在梦中看见这种模糊的现象，一个女人可能会在她儿子脸上看见她哥哥的面孔。

    在临床工作中，我们看到更多普遍存在的戏剧化的历史再现情景。有些时候，只要父母说起孩子，就会显出这样的情形，特别是描述孩子的问题时。父母谈论他们的孩子时，临床医生可能突然会有一种奇怪的感觉，好像他们正在谈论的是一个并不在咨询现场的陌生人。

16

"幽灵"再现

Selma Fraiberg 曾经提到"育儿房的幽灵",她又称之为"父母遗忘过去的来客、命名典礼上的不速之客"(Fraiberg, 1980),它们就像好仙子和恶女巫一样,可以对孩子施加美好或恶毒的咒语。通常情况下,父母沉浸在孩子的独特个性上,对他们爱之有加,这时,"幽灵"就退到了育儿房的角落里。不过,时不时地,"幽灵"会浮现在孩子身上,父母的注意力被深深地吸引过去。这种时候,父母将"幽灵"放置到他们和孩子之间,像屏幕一样。

这种侵入性的"幽灵"是造成父母和婴儿之间不和谐的主要因素。父母无法对婴儿发出的信号做出恰当回应,因为他们正忙于与"幽灵"沟通。这"幽灵"几乎占据了所有的空间,没给父母留出任何机会看到他们的孩子,或者,它会对某些正在进行的活动,比如吃饭、睡觉、管教等造成巨大的干扰。"幽灵"

的侵入反映出父母过去的某段脆弱的经历。孩子的问题预示着某种微妙的冲突，只有父母才能解决。

任何参与家庭工作的人很快就会发现这个臆想的参与者的真实存在。思想、记忆、情感都有自己的生命。在父母的心理舞台上，不能像对待昙花一现的臆想那样对待这些演员。臆想变成了现实，而孩子通常是这些臆想的表演者。

大多数临床工作者发现，这就是和父母与婴儿一起工作的一个让人称奇的特点：父母过去的经历在现实互动中重演，而婴儿是扮演其中某个特定"幽灵"的演员。在这些场景中，我们可以精确地看到扣人心弦的早期互动情景。最近进行的关于协同和主体间相互影响的研究，极大地帮助了我们对这种互动现象的理解。

举例来说，有个妈妈到我们这里咨询，她对两个月大的男婴非常担心，那孩子的名字叫胡安，自出生以来，每次喂奶他都会反胃呕吐。无论护士怎么向她解释，告诉她孩子的体重很正常，她总是固执地认为孩子就要饿死了。

很快，临床医生开始和这位妈妈聊天，她说弟弟去世了她很难过，她弟弟是在婴儿出生前三个月去世的。医生鼓励她多谈谈她的弟弟，描述一下她最后一次去医院探访弟弟的情形。她说她看到弟弟极其瘦弱，气味难闻，不住地反胃呕吐（他正处于肠癌晚期），这情形对她造成强烈的刺激，她晕了过去。弟弟很快就去世了。她既没能打起精神参加葬礼，也没有流过一次眼泪。对亲人过世的哀恸没能被正常表达出来。

让人难忘的是，她回忆这些痛苦情景的时候，胡安突然吐起奶来。医生说："他反胃呕吐的样子，和你弟弟一样。"

这个简简单单的关联一下子惊醒了那位妈妈，她痛哭起来，开始详细地陈述她和弟弟之间的关系。下一次面谈的时候，她说上一轮的咨询使她获得巨大的释放。她可以允许自己为弟弟感到悲伤了（进入真正的哀悼中），也不再为孩子担忧。她和孩子的关系得到更新，开始享受和孩子在一起，把弟弟的幽灵切实埋葬了。

很显然，在这之前，这个女人处理她弟弟去世这件事的方法，是将她对弟弟的强烈情感转移到婴儿身上，这就使得他弟弟反胃呕吐的情景投射到了婴儿身上。这一过程在临床工作中非常著名：丧亲者会带上过世的人的特征。这种心力投入是对其与死者关系的一种认同，而且通常会在哀恸的人身上重现某种特征或症状。这个女人似乎一直藏在她弟弟反胃呕吐的形象里面，只是反胃现象没有发生在她自己身上，而是投射到了她当时正在孕育的孩子身上。正如我们在妊娠部分讲到的，胎儿作为孕妇的一部分共同感受了当时的情景，很容易形成心力投入和投射。由于无法和逝去的弟弟断开链接，她就把它转移到了婴儿身上。胡安出生后为什么会发生反胃呕吐（这种情况很常见,不一定有病症),确切原因我们并不知道。然而,我们确实知道,这一症状立即被母亲视为一种预言或证据,预言她的孩子和弟弟有着同样的命运。这个预言变得强大而邪恶,似乎弟弟的幽灵住到了婴儿身上。这位妈妈一边拒绝接受弟弟的死亡,一边极其担心婴儿会死掉。对亲人的爱与对死亡的恐惧混杂在一起,这种现象在出现问题的亲子关系中很常见,是矛盾心理的痛苦标志。

如果母亲没有赋予它特殊的含义,胡安吐奶可能是一个无大碍的、短暂的现象。由于焦虑,她可能强迫孩子进食,或者通过某些举动,以某种方式干扰了孩子的消化。Selma Fraiberg(1980)说起过一个例子,一位母亲将孩子脸朝下帮助婴儿打嗝,导致婴儿的胃返流吐奶。通过这种类型的互动,孩子被巧妙地设定和引导,证实了母亲最严重的恐惧、担忧。

然而,有人也许还是会问,妈妈一提起她垂死的反胃呕吐的弟弟,婴儿就开始反胃呕吐,是不是碰巧了?或者婴儿具有某种能力,能够读懂暗示,知道什么时候要扮演什么角色?这么说并非没有道理。临床经验一次又一次证明,儿童确实可以潜意识地分辨出父母希望他们扮演的角色。母亲担心孩子会饿死,孩子就患上厌食症;母亲不容忍兄弟自信专断,儿子就会很专横。角色分配是儿童发展的一个强有力的决定因素,我们必须努力理解儿童是如何认知他们的角色的。

胡安的妈妈提起对她垂死弟弟的痛苦记忆时，一定会勾起她诸多被压抑的情感，影响到她的面部表情、说话的声调以及手势。就算只有两个月大，婴儿也可以识别出这些情绪。母亲对胃返流现象赋予了深刻的含义，在互动交流过程中，婴儿出现胃返流现象，就被母亲加以强化了。我们可以推测母亲向临床医生谈到她弟弟的返流呕吐时，她的情绪信号（即她的声音、眼泪、面部表情）触动了他们交流中逐渐形成的一个频道，使婴儿产生相应反应——返流呕吐。

这种解释具有很高的推测性，在临床实践中还没有得到证实。比如，如果母亲认为视线转离代表着指责和攻击，那么，转离目光几乎就会变成孩子的一种强迫症。Robson曾经提到一位母亲，说她的孩子"像个匕首"（Robson，1964）。这位母亲看见儿子的"攻击性"目光就恐惧，她和孩子之间就出现了这种目光躲避现象。Serge Lebovici 的报告中有一个案例，有个婴儿一听见妈妈说起丈夫的离开带给她的悲伤，就大哭不止。对这个婴儿来讲，妈妈的语言成了他情绪的导火索，只要一说起她的伤痛就会触动婴儿大哭（Lebovici，1983）。

Robert Emde拍摄了孩子对母亲面部表情的专心关注（他称之为"参照"）。影片令人信服地向人们展示了妈妈的情绪如何影响婴儿的情绪和行动。同样的，这种情感的传递并不是一种微小的、短暂的现象，它对孩子的行为影响非常明显（Emde

和Sorce，1983）。

从母亲和孩子内心状态移情的角度很容易理解母婴之间相互调整配合的现象，同时我们必须承认，婴儿对照看他们的人的情绪非常敏感，并会将情绪转化为自己的行为。Edward Tronick等人所做的"冷面实验"很好地印证了这种说法。

在胡安的案例中，我们认为母亲从胡安的众多行为中挑选出了"反胃呕吐"情节，因为这个情节可以让她维持弟弟还活着的假象，活在她孩子的假面之下。母亲否认弟弟已经去世的事实，好像她需要她的弟弟被每天提起，而胡安就充当了提醒者的角色，满足了她的需要。

这个案例，我们描述得相当详尽，因为我们想描述清楚情绪交流是如何进行的——我们在本书第三部分讨论过——以便找到临床治疗的手段。这案例还展示了情感传递是如何带上主题元素，并给生活带来了臆想色彩。

去世亲人的影子

在我们的文化中，父母给孩子们冠上去世亲人的特征，这很常见。这让之前的依恋关系得以继续存在，家庭传统得到传承，亲嗣得以维系。在其他文化中，孩子可能会被看成先祖转世。在塞内加尔的沃洛夫，孩子会被以已故祖父母的名字命

16. "幽灵"再现

名,这孩子就成为祖先的一种回归或再现,他的行为被解读为带有已逝之人的信息(Rabain, 1979)。婴儿与祖先的这种联系给孩子带来了力量;儿童被认为是有力量的,成为家庭的保护者,加强了他们的依恋。但是,同样的,被视为恶意意图载体的孩子也会让人产生恐惧。

在西方文化中,没有转世之说,然而相似的信念却渗透在人际关系中。就像我们前面看到的那样,孩子不仅是过去依恋关系的象征,也以某种牢固的方式替代了逝去的人。当死亡和新生同时发生时尤其会出现这种情况。父母沉浸在亲人丧失的痛苦中时,孩子的降生被用来否认和推迟哀悼带来的痛苦。

举例来说,有位妈妈为两岁女儿的严重睡眠困难前来咨询。孩子出生在外公去世3周后,那时母亲正处在强烈的空虚和孤独中,试图把孩子当作安慰,但是婴儿不能与她对话,让她很是烦恼。想要以女儿取代父亲的愿望使她严重地误解了与女儿的沟通,却没有回应婴儿的实际需求。孩子唯一让她在意的活动就是对音乐的关注(婴儿关注收音机播放的音乐)。她解释说,她父亲是一位音乐家,孩子对音乐的兴趣是女儿和父亲之间唯一的关联,她甚至想要将孩子培养为一位音乐家。在这个案例中,生死的偶然同期使母亲忽视了婴儿的需求和信号,以及发展的尝试。她对哀恸的抵挡决定了母女之间的互动,使她们之间的交流变得非常的狭窄。

虽然转世这个词对这种情况来说似乎太大了，但它却能引起人们盼望在孩子身上看见逝去之人神奇、具体的再现。虽然幽灵只存在于父母的想象中，但它却能以悲惨的方式真实地影响着新的关系。

害怕夭折

通常来讲，父母对婴儿的过度保护行为来源于潜在的恐惧——通常是有意识的——害怕婴儿即刻夭亡。很多时候，过度喂养是因为害怕婴儿饿死；睡眠困难是因为父母频繁查看婴儿是否还活着干扰了婴儿的睡眠，造成了婴儿的睡眠混乱。

还有很多因素可以导致夭亡恐惧。有个显而易见的例子发生在被叫作"替代儿"的婴儿身上，这类婴儿出生在年长兄弟姐妹刚刚死去之后，害怕"替代儿"夭亡的原因很明显。还有一些夭亡恐惧的原因比较复杂，有些父母认为他们的婴儿是某个他们既爱又恨的人转世再生。有这么一个案例，一位妈妈怀着她女儿的时候，她像爱父亲一样爱着的叔叔因癌症过世了。女儿出生后不久，很快出现了很严重的喂食困难，导致体重不再增长。后来发现，妈妈一直在强迫婴儿进食，婴儿渐渐地开始拒绝一切喂食行为。我们告诉这位母亲她的喂食模式不正常，她透露说她强迫孩子进食，是怕孩子得癌症死掉，就像她的叔叔一样。经过很多启发，她进一步透露说，叔叔不仅是她挚爱的人，也是她憎恨的人，因为叔叔更加偏爱她的姐姐而不是她。至此不难发现，她爱叔叔像爱父亲一样，又将对叔叔强烈的爱与恨转移到了婴儿身上。

把婴儿当作父母

"亲职化"是家庭治疗师用以描述孩子被用来替代爸妈的父母的亲子互动现象。孩子被认为是给予支持、指导、满足或责备的人，就像爸妈的父母一样。这种亲子倒置现象会出现在很多情景中，最常见的是被自己父母亏欠的爸妈，很难给予自己孩子什么，反而想要在孩子那里获得满足。

若父母想要孩子像成年人一样行动，孩子的需求就会被忽视。举例说，如果父母要求小婴儿爱憎分明，必然会失望，这也很容易让父母抱怨婴儿冷漠、无情、自私，让双方都非常的失望。在这种关系中，有一个明显的互动失误：缺乏肢体接触，回避目光交流，很少相互取悦。当婴儿在离母亲不远的地方游荡，进行嬉戏活动时，母亲可能会特别痛苦地说："你看，她对我一点兴趣都没有。"同样，当婴儿转向母亲——寻找触摸或鼓励——母亲可能会错过这个依恋信号，或者抱怨说，婴儿到她跟前来"只是因为他累了"。

这样一来，问题会变得非常的棘手，直到父母认识到他们盼望婴儿所做的只有成人才能做得到。这一认识可以纠正因为误以为孩子是成年人而产生的非偶然性问题。接下来，治疗师或护理人员必须挖掘出父母隐含的渴望，这种渴望会导致父母把婴儿和他们自己的父母混为一谈。通常，这样会带来大量的负面情绪，在大多数情况下，父母最终会充分意识到他们对婴儿的期望是多么不切实际。

年轻的父母，特别是少女妈妈们，会发生类似的情况。十几岁的女孩与父母关系不合，充满冲突时，为了避免日益独立、与父母的关系中断而痛苦，她有可能会过早怀孕，以重建亲密的母子关系。如果父母不自觉地期望孩子成为爱的主要提供者，问题就不可避免。她可能会怨恨婴儿啼哭："我干吗要跑去看她？她为我做了什么？"她可能会从婴儿身边跑开，给婴儿哺乳也很机械。少女妈妈甚至很难理解婴儿啼哭是因为他们需要她。如果她允许自己知道婴儿需要她的关注，她就必须接受自己已经是个母亲的事实，而放弃自己还是个孩子的心态。

在这种情况下，如果9个月大的女儿指着某个东西向她示意，年轻的母亲就有可能会抱怨，认为这孩子把她当奴隶对待，驱使她去拿那个物体。她把东西给女儿，心生怨恨，认为这样很不公平，抱怨说："这孩子可从来没有帮助过我。"潜意识里，她希望婴儿是一个可以关爱她的妈妈，补足她在母亲那里的缺失。对婴儿的这种不恰当的期望会让她对婴儿很愤怒，想要婴儿履行自己父母的责任，必定会带来失望。

这种情况下，少女妈妈需要依靠热心可靠的专业人员，给她演示为人父母的样式。很长时间以后，她渴望依赖的需求得到认可，并表达了出来，她压抑的情绪被接受并得以发泄，这个年轻人才可以考虑养育别人，也就是她自己的孩子。

这个领域的工作人员知道，亲职化更极端的结果是产妇抑郁。让人惊奇的是，小孩子（哪怕只有一两岁大小）经常会发现父母的忧伤，并努力安慰他们。他们要么积极地照顾父母，要么更普遍地，他们会变得早熟、不苛求，以免给抑郁的父母增添负担。虐待儿童是另一个极端的结果。当父母感觉被抛弃和无助的时候，会期待婴儿能够帮助和理解她们，婴儿无法满足他们的期盼时，他们心中会腾起非常危险的愤怒，酿成针对婴儿的暴力行为。

把婴儿当作法官

婴儿的爸爸或者妈妈把婴儿看作像法官一样施行审判的父母，会形成非常痛苦的互动循环。婴儿因自身需求没能被满足而不快，他的不快就会被父母看作对他们的责备和拒绝。Beebe 和 Soate（1982）曾经描述过一个妈妈和她 3 个月大的女婴之间的互动困难。婴儿看着她的时候，她会突然靠近婴儿，盯着婴儿的脸，渐渐地婴儿开始躲避她的目光。妈妈把这种躲避理解为孩子对她的抗拒。很显然，这个互动中缺乏应变和协调（没有你来我往的互动，没有你一句我一句的婴儿对话，没有对儿童情绪变化的反应），如此一来，儿童表现得越来越压抑。婴儿也会出现防御动作，好像是在"回避"妈妈。母亲只注意到负面反应，却没有注意到婴儿的友好提示。她给婴儿的行为附加了很多含义，认为那是婴儿对她的责备、惩罚与拒绝。她似乎无法与婴儿同频，总感觉"被婴儿控制了"。渐渐地，治疗师帮她理解到她这是把控诉和拒绝的态度硬安在了婴儿身上，而这些态度是她自己母亲对她的日常行为方式。

在本书的第五部分我们会看到其中一个案例和这个案例类似，在那个案例里面，婴儿被看成施行审判的爸爸。无论婴儿有多小，都有可能具有强大的力量，给母亲造成巨大的惊恐，因为她在婴儿身上看见了自己父亲责备的目光。

挑剔和批判的态度只是投射在孩子身上的诸多意图之一，因此，仅仅确定谁是幽灵的原型是不够的；人们还必须评估儿童的特定感受和意图，以及这些投射是否清晰可见。

把婴儿当作兄弟姐妹

父母把新生儿当作自己的兄弟姐妹对待也是一种很常见的现象，这种现象常常伴随着嫉妒。小的时候，弟弟妹妹是和他们争夺父母之爱的竞争对手，弟弟妹妹的出生曾经让他们非常厌恶。新生儿降生，父母无意识地把孩子当作曾经与他们争夺父母之爱的弟弟妹妹，新生儿得到爱与满足，挑起他们儿时对弟弟妹妹的嫉妒，让他们心生怨恨。

儿子的降生挑起母亲对弟弟的嫉妒时（尤其是父母明显重男轻女的情况下，这种现象尤其常见），情况会变得尤为恶毒！嫉妒的表现形式很多，这个孩子可能会被看作暴君，能以一种不受约束的权力意识奴役母亲。父母也可能过分保护孩子，他俨然一副脆弱无比的样子。在本书第五部分所描述的朱利安的案例中，我们将详细描述同胞之争对母子关系的严重影响。

好"幽灵"和坏"幽灵"

所有的幼儿养育过程都会出现"幽灵现象"，评价亲子关系中的这种投射现象是否"正常"一定要非常小心。我们一定要记住，父母总是通过孩子与过去的关系建立联结，父母的爱心是从过去的依恋关系中生发出来的。在新生儿身上看到过往熟悉的温情爱意，可以强化父母与新生儿之间的移情和和谐。

不过，嫉妒、憎恨、仇视等负面情绪也会从过去的关系转移到新生关系上，我们对成人进行精神分析时非常清楚地体验到这一点。这种转移什么时候会使关系处于危险之中呢？

有一个信号可以有效地识别互动脱轨，那就是相倚失败。如果从父母的过往关系中发掘出一个与现在的情况有关联的人，就能够找到互动脱轨的原因。父母与这个人的关系会揭露出父母存在的某个悬而未决的个性冲突。这种扭曲关系的一个显著标志是，父母对婴儿的某种特定行为采取回避和防御的态度。我们在上面讨论过许多案例，其中的防御性互动就是用来避免或逃避再次面对过去矛盾关系带来的痛苦记忆和感觉。在当前的互动中，家长们继续用回避或抵挡的态度来对抗过往的冲突。在这些情况下，父母和临床医生的工作是，一定要找到父母安插在他们和婴儿互动之间的"缺席伙伴"或"幽灵"。调整问题的关注点，将压抑的情绪，如悲伤或嫉妒等表达出来，得到释放，更真实地认识婴儿。我们将在接下来的内容中更清晰地看到"相倚失败"与持续冲突和"幽灵"之间的关联。

17

过去关系模式重现

"幽灵"再现的另一种变体是过去优选关系模式的再现。在这种情况下,婴儿在剧中只是一种"道具"。母亲可能从她的童年经历中选取某一典型场景进行再现。如果她常被父母取笑,她和父母之间的关系紧张,充满争战,那么,她与婴儿的日子也将被战斗主导;如果冷漠和排斥是她和父母之间互动的主要内容,那么冷漠和排斥也会重现在新生关系中。通过再现以往的互动主题,父母们找回失去的憧憬已久的童年。

食物大战再现

有位妈妈来找我们咨询,寻求帮助,她说3岁的女儿桃乐茜"不肯吃东西"。这孩子的身高和体重曲线几乎接近了最低限。妈妈说吃饭完全是一种"折磨"。桃乐茜拒绝吃饭,并用这种消极举动控制她,简直到了无法容忍的地步,她已经准备把她"扔出窗外"了!

随着这位妈妈的讲述,我们发现她对桃乐茜的日常食物大战难辞其咎。这种大战的根源渐渐显露出来,她说,自有记忆开始,她就患上了厌食症,每天和抚养她的奶奶进行"食物大战"。很显然,她通过这种方式保持着她和奶奶之间的依恋关系。如今她在桃乐茜身上重现她和奶奶的"食物大战",努力唤起自己的美好记忆。

这个妈妈的案例中充满强烈的抗拒和强迫,从桃乐茜出生的第一天起,这种互动就开始了。她说,桃乐茜出生以后,强烈拒绝她的乳房,让她非常沮丧和难过。这种完全正常的回避被认为是消极抵抗,激发了母亲对孩子实施强迫的意愿,因此,从第一天起,一场关于食物的意志之战就上演了,非常忠实地再现了她与祖母当年的关系。

这种"拔河式"的关系很常见,在吃饭习惯、如厕训练和管束问题上都有可能出现,其中最根本的问题是,"到底是谁控制了谁?"为了消除这种冲突,父母必须认识到,这种互动模式是他们无法表达哀悼或不肯放弃的旧关系的再现。

我们一再发现,父母的过去严重制约着他们与婴儿的"新生"关系。同样非常重要的是,婴儿的个性也对这个新关系具有影响力。并非所有的孩子从出生第一天就拒绝乳房,并非所有的孩子都会参与父母挑起的特殊意愿之战。婴儿的反应和行为方式与母亲对其的诠释,共同塑造了他们的互动。然而,对于困难关系,从父母方面进行治疗和改变,可能是最容易的办法。

与过去相反

父母经常试图与他们的孩子建立一种与他们和父母的关系完全相反的关系。比如,有一种现象特别常见,童年的时候,父母对自己非常严厉,自己有孩子以后,就无法也不愿让孩子难过或受限制。孩子只要一哭,父母就立刻将他们抱起;孩子的任何一个突发奇想都让他们感到欣慰。为了避免孩子痛苦,即便是必须的正常分离,父母也坚持忠诚地相随左右。这样的父母希望孩子永远被满足,永远不要遇到任何的沮丧和受限。孩子会变得随心所欲,像暴君一样欲求无度,父母直到实在无法继续忍受他的暴虐时,才会寻求帮助。他们没有意识到,正是他们自己将过去的苛政再次建立了起来,只是这一次,施行暴政的是他们的孩子。通常来讲,孩子似乎会感受到父母在"寻求"一种强势反应,于是他们精确地扮演起了统治者的角色,让父母再次活在高压权势之下。

正如 Benjamin Spock 在他的早期著作中所提倡的那样,养育孩子方面的自由主义热情,很大程度上可能是因为父母不希望孩子受到自己成长过程中承受的约束。父母必须努力树立"规矩",以避免过度纵容,造成混乱。

创建理想关系

重建旧关系模式的方式层出不穷。最常见的一种目的是,避免自己童年的痛苦经历发生在孩子身上,试图给自己的孩子提供自己理想的童年。绝大多数父母试图和自己的婴儿建立"完美"的亲子关系,也就是他们希望自己童年应该拥有的样子。这种情况下,父母想要建立的不是他们曾经经历过的,而是在想象中他们应该拥有的样子。这种愿望在很多健康家庭也很常见。建立一种理想的、全新的亲子关系,修正曾经的痛苦和无助,也是很多人想要孩子的强大动力之一。

然而,很多人的经历证明,对理想童年的渴望会导致很多问题出现。安东尼在14个月大时被送去日托中心,他一整天都拒绝进食任何东西。在家里,妈妈准备食物的方式很特别,她把所有食物都用食物料理机打碎成液态,让他用奶瓶进食。她的解释是,不把食品打碎,婴儿就不吃。但是,我们很快发现,这种现象正是她自己造成的。

妈妈有一次讲述自己的历史,揭露了她与孩子这种互动的根源:当她还在妈妈肚子里的时候,她的爸爸去世了。她的

17. 过去关系模式重现

妈妈患上了抑郁症，自从她出生后，妈妈就把她寄养在别人家里，自己到很远的地方工作，很少回来照看她。从此，她非常盼望与人亲近，在她遇到丈夫结婚生子之前，这种渴望一直没有得到满足。如今，她终于有机会亲手建立她渴望已久又从来没有拥有过的理想关系了。

安东尼出生以后，她希望和他之间亲密无间，让他可以永远享受早期喂养的愉悦。安东尼拒绝进食日托中心的任何食物，证实了母亲对任何与她不一样的婴儿护理方式的谴责。她希望通过孩子感受她自己所没有得到的满足感。

妈妈想要最大限度地满足孩子，导致了很多问题，这种现象极其常见。这揭示了父母竭力与他们的后代建立理想关系，既是为了孩子，更是为了满足他们亏负已久的需求。我们当中有多少人都希望和孩子们一起，慢慢找回童年错过的机会。

虽然这种渴望很普遍，但是，如果因此造成无法忍受的情景，父母和孩子就需要被帮助。专业人士发现，仅仅向父母指出他们是在过分满足孩子、不加限制还不够，必须鼓励父母说出他们为什么认为孩子必须被完全满足，为什么孩子不能遭受挫折。通常，父母很快就会说出他们童年对这种境遇的渴望，他们认为自己童年时被剥夺了自由，对此，他们满怀悲伤。直到这时，治疗师才可以告诉他们其实他们是想通过和自己的孩子建立理想关系，以弥补或修复童年遭受的冷落。这样，父母才可以看到，他们完全满足婴儿的愿望注定要落空；他们越是满足孩子的每一个突发奇想，他们就越有可能过度压制自我，以至于觉得自己受到了婴儿的奴役。认识到这一点，他们才可能更现实地看待自己的孩子：他们没有那么脆弱，能够承受挫折。

实现自己的理想：国王婴儿

人们不仅希望在婴儿身上实现自己过去渴望的理想关系，也希望孩子能够实现自己没有实现的理想。就如我们在第一部分看见的那样，所有即将出生的孩子都承载着一个未竟的理想，这理想要么因为自己无能而落了空，要么被暂时搁置了。新生儿因此被带上了理想色彩：他是最好的、最漂亮、最聪明的宝贝，父母在他发展的每一个阶段都能发现这些卓著才能的迹象。这很正常，也是建立依恋关系不可或缺的因素；孩子的行为关乎父母的尊严，是父母成就的表现。父母要忍受婴儿护理过程中的许多挫折，婴儿欲求无度，常常不满足，让父母充满矛盾，要应对这一切需要一个强有力的动力，父母将理想自我投射到婴儿身上，婴儿对他们来讲变得无比珍贵起来，使养育工作不再那么难以承受。

然而，这种理想化很容易失控。由于父母对孩子的每一个需求都加以满足，会让孩子产生无所不能的感觉，使孩子变得贪得无厌、我行我素、独断专行起来。在付出一切代价满足孩子的过程中，父母就会发现自己成了一个卑贱的奴仆，服侍在国王或女王一样的婴儿的鞍前马后。皇室意志不容违逆。这些父母一味避免对孩子施加任何限制；严格避免对孩子进行任何纪律约束或延迟满足，使孩子有了一个或一对勤恳的随从可以随意支配。

这样的父母很可能会走向放弃自我的极端，可以整晚不睡来安抚婴儿。在特别注重食物的家庭，他们只注重把孩子喂饱，很少在意孩子是否满意；还有一些家庭完全受孩子对食物的喜好所控。有个妈妈为她蹒跚学步的孩子感到骄傲，这孩子可以无端破坏她的物品，他一再拿玩具锤子试探性地锤击她的腿，对他的这种行径，她一直面带微笑。这个妈妈来自一个非常传统和严厉的中产家庭，她对自己的出身有一种公然的抗拒。爸爸没有让她去读医学院，为此她心里充满了怨恨。她怀孕后离开了孩子的父亲，完全投身到儿子的抚养中。儿子做任何事情都可以随心所欲，似乎他的出生不是为了别的，就是为了满足她对完全自由的渴望，实现她受到挫败的野心。他成了她感受无所不能的管道，她甚至鼓励他无所顾忌，以实现他对无限权力的欲望。通过这种基于幻想的互动，这位妈妈让她的孩子担负起了她膨胀的自我，通过孩子感受不受限制的自由。

在本书第五部分，朱利安的案例会更详细地描述这种互动,以及对这种互动进行干预的困难,建议这样的父母对婴儿施加限制,他们会非常难以接受,这样做无异于对他们自己再次施加约束,而他们好不容易可以通过孩子体验到无所不能的感受。

这种极端的理想化带来的问题可能会非常严重:为了父母的荣耀,孩子可能被卷入各种荣誉竞赛中。这种"诺贝尔奖情结"在孩子很小的时候就显示出了它的作用:会出现各种拔苗助长现象,比如,孩子还没有到会说话的年龄,父母就督促他们说话和认知能力的发展。在许多力争上游的美国家庭中,这种现象非常普遍,尽管通常不会达到极端。

18

父母的一部分

除了将自己的过往依恋和亲情投射到孩子身上以外，父母还倾向于把自己的心理状态投射给孩子。有意思的是，人们对外界的看法恰恰是自己内心情景的反映。

因此，我们遇到的每一件事和每一个人都反射出我们的内心状况，让人产生似曾相识的感觉——使人想要去接触和亲近，但这也很可能会让人痛苦：如果我们投射出的是"败坏的自己"，在别人身上看见我们最排斥的自己，这会让我们感到恐惧。

了解这种现象，就能理解人的偏见了。在家庭治疗中，有种投射很常见：每个家庭都有一个成员是这个家庭的代表，承担着这个家庭的某种角色。替罪羊现象是将其他家庭成员的过错和不良意图归咎于某个家庭成员（害群之马）的倾向，而害群之马的职能是承担其他家庭成员的各种不良表现。这种投射影响重大，家庭精神病学已经证明，这种投射会带来严重的问题和症状。

不过，我们还是要说投射现象很正常，投射本身并不是病态；只有当它走向极端时，才变得很危险。

移情在很大程度上是基于我们对互动同伴的认同；反过来，之所以能形成这种认同，是因为我们将自己的一部分投射到了对方的身上。"投射认同"一词就是为了描述这一现象而产生的。为了适应婴儿的需要，母亲必须参考自己婴儿时期的经历，然后将这部分经历投射到婴儿身上。同时，如果要真正了解孩子（体验真正的互动），母亲需要将这种身份认同"隐退"，尊重婴儿的客观个性。换句话说，要想照料好孩子，需要平衡投射认同（寻找共同点）与婴儿个性（发现不同点）的关系，换一种说法，就是既要融合又要分离。

这种心理过程我们似曾相识，在本书第一部分关于妊娠的内容中，我们说到了胎儿的成长，在刚开始的时候，母亲也是把胎儿当成自己的一部分，渐渐地胎儿和母体分离，成了独立的个体。

平衡这两种倾向对未来亲子关系的发展非常重要。任何想要认知某个家庭并对他们有所帮助的人，都应该对此进行仔细的研究。每一对父母对婴儿的心理特征的影响都不相同，投射本身的区别也相去甚远。虽然很多父母认为自己的孩子是最理想、最珍贵的,但也有一些父母在孩子身上看见了"最丑陋的"自己。一些父母在孩子身上看见各种似曾相识的特征,也有一些父母看自己的孩子像是外星人。正常的投射认同可以带来共情和依恋,扭曲的投射认同却让人无法协调互动。父母可能只对他们强加给婴儿的意图做出反应,但这些意图实际上是他们自己潜意识的认知冲突。

必须时刻牢记婴儿的身份,婴儿的先天特征、身体外观和性别可能会形成特定的投射。例如,婴儿外表存在的不正常现象,可能正好印证了父母自身具有的"缺陷、软弱、不正常"现象的投射心理。婴儿身上一个极微小的缺陷,都有可能导致父母严重的自卑,这种现象我们将在"令人失望的婴儿"部分详细论述。

把孩子当成恶棍

前面我们论述了有些父母把孩子理想化,对亲子关系造成了深重的影响;也有一种现象与此相反,会把"丑陋的自己"投射到孩子身上,如果孩子身上存在明显的缺陷或残疾,孩子就成了恶棍或恶魔的化身,同样会对亲子关系造成严重影响。这两种情况通常会交织进行。在很大程度上,投射是父母在孩子身上看到的东西的反映,体现了他们自己的内心取向。反过来,孩子很可能会照着他们的投射发展出相应的特征。起初,可能是儿童的特定行为触发了投射;如果这些投射来自父母身上不能被自己接纳的特点,这个婴儿可能会被贴上懒惰或过度依赖的标签。如果父母为自己的"口腹之欲"感到羞耻,那么一个吃饭好胃口的孩子可能会被贴上贪吃或贪婪的标签。如果孩子身上出现父母所鄙视的自己的某些特征,就会造成一种自责和担忧应验的怪圈。

每一个新生儿都有可能会带来失望,没有任何一个婴儿完全符合父母的设想,正常的婴儿也可能让人失望。

人不喜欢的特征投射会对亲子互动的某些方面造成影响。父母可能会对此反应过度,对婴儿的相关回应行为形成抑制或限制,进食困难常伴随着这种情况的发生。孩子在进食方面固执己见,事实上,反映出来的正是父母自身隐蔽的对食物的偏爱。

我们发现,父母的很多潜意识的恐惧和欲望,会投射到孩子身上。分离恐惧就是一种常见的例子,有些妈妈抱怨孩子太黏人,过分依赖,事实上是她自己害怕亲子分离。

婴儿朱利安的妈妈(在第五部分会提到),表现出来的就是这种问题。她抱怨说,她走到哪儿朱利安就跟到哪儿,无论她什么时候要离开他,他都会陷入恐惧。她一直很具体地提到,她甚至不能在她和孩子之间做关门的动作。在后来的陈述中我们发现，这位妈妈在两岁左右的时候曾经被安置在孤儿院6个月；她妈妈偶尔来探访她，她只能隔着一扇玻璃门看到她（因为害怕传染病传染）。她对这个时期的记忆只有分离带来的痛苦。这些记忆"重新被记起"以后，这位妈妈才将她和朱利安的关系从分离恐惧中解放出来。她对孩子的看法也发生了戏剧性变化。同时，她说，他再也不怕分离了，他们之间的门被关闭的时候，他再也不会大吵大闹了。

轻度的投射现象很普遍，不足为怪，如果父母对孩子的反应特别极端，要引起重视。比如，父母对孩子的描述很牵强，在他们的描述中婴儿的品质、缺陷或意图完全超出婴儿的年龄和特征，婴儿怀有成年人的动机，孩子具有强烈的攻击意图等，就意味着他们的关系出现了重大问题。在本书第五部分，我们将讨论其他形式的不良投射现象，以及对它们的评估方法。

令人失望的婴儿

常常有人因为对孩子感到失望而来到我们这里咨询。在这种情景中，婴儿通常不能满足父母的自尊，让父母感到极其失望。像我们之前指出的一样，婴儿出生以后，父母要做重大的心理调整，接受婴儿的真实状况，放弃对完美婴儿的幻想。所有父母都会或多或少地经历失望，这在养育孩子的过程中非常正常。然而，如果新生儿残疾、先天疾病或者早产，这种现象和想象中的婴儿相差太大，父母接受起来就会非常的困难。

　　在这种情况下，父母的自尊有可能会突然丧失，痛苦崩溃。在潜意识里，孩子的残疾似乎揭露了父母自身某种隐藏的残缺。似乎孩子身上显露出来的残疾，以一种引人注目的方式，向众人暴露出父母的不为人知的不足之处。如果孩子的残疾是外显的，特别是面部残疾（比如唇裂），或是神经中枢系统的疾病或眼疾，父母的失望和悲伤将格外的显著。孩子就像是一面镜子，他们的残疾显示了父母的不足。比如，一位意大利人，在他移居的国家非常勤恳地工作，取得很大成功，不料儿子患有唐氏综合征，简直让他极度震惊。他说，听到这个噩耗时，他飞奔回家，在镜子中拼命审视自己，不住地吼叫："我不是魔鬼啊！"在他的心目中，孩子的相貌反映的是他自己的形象，他需要人帮助他一再确认，他自己的脸与孩子不正常的相貌（魔鬼脸）不一样。

　　在第五部分，我们将说到儿童先天白内障的案例。我们也会探讨如何对理想幻灭引起的失望进行治疗性干预。

19

臆想互动的评估

　　臆想互动有很多种形式，每一种的影响力都很强大。我们希望，我们对不同情景的概述可以成为评估各种投射的参考，这些投射会影响早期亲子互动。

　　面对各种困难的关系，我们必须牢记一个事实，即在所有婴儿亲子关系中，无论是正常的还是不正常的，我们对孩子的感受、我们照料他们的方式、我们"选择"的教育方式等，在很大程度上都受到过往旧模式重现的影响。虽然养育孩子确实是一种创新，但那些早已被遗忘的经历也一直掺杂在其中。无论何时对父母和婴儿进行观察，我们都不断地问：这个孩子代表了谁？一再被重复的旧模式是什么？这个孩子被放到了过去的哪种情景中？如果试图回答这些问题，我们的观察就进入了治疗程序，远超过了单纯的咨询和安抚范畴。在接下来的内容中，我们将看到，评估本身会变成一种干预。

第五部分

★

理解早期关系:
婴儿评估的互补方法

……通常，你若了解病人就会知道，他们把医生的诊断丢到了脑后。

　　　　　　——埃尔文·赛姆拉德（Elvin Semrad）
　　　　　　　　　　《赛姆拉德：治疗之心》

引　言

在本书的前半部分，我们展示了父母和婴儿在早期关系中的作用，并从主观和客观两个方面展示了早期关系的发展进程。现在，我们将用9个实际案例展示如何将观察和理论互补，评估父母和婴儿的早期互动，并在评估中达到治疗的目的。

一位印度哲人曾经说："开端决定结果。"当父母决定预约儿科医生或护士做"常规"检查，或向心理学家、心理分析师或社会工作者进行咨询时，他们也是在选择某种诊断或治疗。比如，儿科医生的受训内容是评估婴儿的身体状况。在医院，他们关心的是婴儿躯体的问题（出生体重低、先天性异常、疾病等）。在进行"婴儿健康"咨询时，儿科医生和护士关注的是发育、疫苗接种和饮食问题。直到最近，他们才开始把行为问题和亲子关系问题的治疗纳入工作范畴。专注学术的心理学家倾向于仅仅对孩子进行评估，他们通常没有接受过人际关系评估的培训。

相反，在社会机构、指导中心和家庭事务处理机构工作的专业人员（心理学家、精神病学家、社会工作者，等等）常把人际关系作为调查和干预的对象。他们接受专业培训，处理各种冲突、情绪和幻想。但是，他们通常没有评估婴儿的经验，特别是对正常婴儿的评估。

这些专业人士的兴趣也各不相同，有些人关注的是能力和所谓的"正常"发展，另一些人关注的是发育不足和病理缺陷。

受过心理健康训练的人对"深层的"病理更为敏感。他们对适应性失败、焦虑、不安、沮丧等迹象十分警惕。在干预过程中，他们常常首先发掘（主要是通过口头表达）隐藏的（通常是无意识的）思想、幻想和恐惧，以寻求根除异常状态的源头。他们接受的培训并不强调发展的积极力量、自我纠正和补偿等。

儿科医生，特别是接受了儿童发育和行为新兴领域培训的儿科医生，强调发展的正常进程以及婴儿的认知和知觉能力的发展。不过，面对行为问题，他们倾向于将其病理影响最小化，并且通常会安慰父母说："长大就好了！"这种观点会忽视适应不良的发展趋势，低估无意识力量的强大影响，特别是第四部分所述的父母对孩子的幻想的影响力。

我们认为（也是写这本书的理由），只有将这些方法结合起来，才能准确地理解，并支持和治疗婴儿期出现的问题以及父母与婴儿的关系困扰，无论是针对轻微的产后抑郁症，还是严重的出生缺陷，都是如此。此外，通过互补的方式，可以更好地防止小问题变严重。

20
✴
成长观察与理论分析相结合

  婴儿期的各种"诱因"在本质上是循环发展的。婴儿的天性、父母对此的反应以及幻想交织在一起，互相回应，彼此反馈，循环往复。因此，跨学科研究非常必要；必须综合考虑婴儿的不同发展阶段、父母的幻想以及他们之间复杂的互动。

  现在，婴儿的大部分问题通常会先被儿科医生、护士以及日托中心的工作人员发现。传统上，只有严重的病理性病例才会转介给受过精神病学训练的人。但现在出现了一种趋势，即对所有病例，无论轻重，均采取综合处理方法。儿科和早教工作者都可以得到心理学及精神病学研究的指导和帮助。相应地，心理健康领域的工作者也可以从儿科和婴儿正常发育研究成果中获益。

  在处理父母和婴儿方面的问题时，所有的护理者——无论什么专业——都需要借鉴其他学科领域的见解。理想的状态是，他们应该团体合作，儿科医生、心理学家、护士、社会工作者和精神病学家通力合作。教学项目应该加入对婴儿、父母以及他们之间互动的评估技术方面的内容。

在后文的9个案例中，我们会从儿科医生和精神科医生两种视角来分析，他们都参与了关于父母和婴儿的工作。通过这些案例，我们试图描画出不同专业领域对案例的理解、对家庭的帮助。我们认为跨学科合作是一种理想的做法，并在案例评论中提出了一种"双焦点"模式，任何关注父母和婴儿问题的人，无论其专业背景如何，都可以使用这种"双焦点"方法。

我们试着把每个症状都看作多重力量的结果，包括婴儿和父母的个体特征以及父母的幻想，这些形成了我们称之为"互动"的系统。我们认为所有的问题都是相关联的（Emde & Sameroff, 1989）。即使是明显的器官疾病（如先天性缺陷），我们也认为是综合力量的结果；我们将看到，这些儿童的预后在很大程度上受制于父母如何看待和处理这些缺陷。我们在评估互动质量时，也参考了儿童实验心理学的某些概念，如互惠性、同步性和相倚性等（Cramer, 1987）。

21

互动评估

婴儿精神病学领域的诊断仍处于前实验阶段，像《精神障碍诊断与统计手册》这样的诊断方案对婴儿或婴儿亲子关系没有太大的参考意义。我们迫切需要的是对互动性质进行分类（Kreisler & Cramer, 1983）。但无论从哪方面来讲，这都不容易，因为互动是一个不断变化的过程，很难定义，与躯体症状（例如肺炎）不同，与心理问题（例如恐惧症）也不同。婴儿期领域的长期目标是，专业人员能够对父母和子女进行观察，并与父母交谈，然后在合理的短时间内对特定互动做出诊断（Cramer, 1986）。

目前，我们已经有了一些参考点和基本准则，包括以下这些。

发展阶段

发展阶段对理解婴儿期互动格外重要，因为婴儿自身的需求和能力都在飞速变化。婴儿年龄越小，越需要不断重复评估。这一点已在早产儿身上得到了充分证明。早期的不良评估对预后没有太大的参考价值，因为在许多情况下，补偿因素（特别是父母的自身调整等）会使后续的分数大幅度提高（Parmelee等人，1975；Lester等人，1987）。父母对婴儿的养育情况也受到儿童发展阶段的影响，在几个月内会发生很大改变，一次性评估无法判断父母的养育能力（Robson & Moss, 1970；Coleman et al., 1953）。

因此，我们需要记住，所有对互动的判断都要与相关的发展阶段相结合。本书第三部分概述了影响互动的一些宽泛的发展阶段。

无论如何，对任何发展状况的诊断都必须谨慎行事。首先，产后是一个剧烈变化的时期（从任何意义上来说都可以称为"危险期"）。婴儿出生第一年可能短暂性地出现各种症状；它们很容易改变，不能依据它们的存在或消失做出可靠的诊断，具有诊断价值的是发展潜在曲线。即便是谨慎行事，在婴儿期进行预测也有很大风险。出生后看起来不乐观的征兆，在以后可能会变得不再那么令人担忧；早期没有出现明显的问题，并不能排除以后会出现严重问题。最后，任何诊断都有可能带来"不幸言中"的效果，专业人员在做出诊断时必须非常谨慎。

行为观察

婴儿无法通过语言或游戏表达他们的内心状态，所以为了了解他们的主观意愿，必须对他们的外在行为进行仔细观察。因此，评估的核心就是观察婴儿的行为。本书第三部分描述了各种婴儿行为观察的技术。录像记录是不可替代的记录工具，微量分析进一步完善了这种方法。评估量表（如NBAS，本书第二部分对其进行了全面描述）无论是作为定量评估还是作为干预措施都很有价值。由于功能紊乱（如失眠和厌食症）可以被看作内部状态的表露，清楚地描述婴儿的实际症状也是评估互动的一部分。

然而，婴儿行为观察绝不能被视为是纯粹"客观的"，因为观察者是人，会影响婴儿的行为。移情作用也影响着婴儿的行为，有些在"中性"环境中不会出现的反应，在移情作用下有可能会出现。摄像机也会影响事情的进展，虽然在我们的观察中，它通常没有影响父母和婴儿的自发行为。观察者本身作为观察系统的一部分,也是一种影响因素,观察者的涉入可能会对被观察家庭的互动造成影响。训练有素,经验丰富的观察者可能会观察得更仔细。

主观经验

本书第三部分提到,父母对孩子的内心感受以及他们投射到孩子身上的形象造就了婴儿对自己的认识。任何人,想要了解早期互动,都必须关注父母的这些心理现象。

互补法

现在很清楚了,我们的评估模式建立在客观观察和主观报告相互补充的数据汇集之上。已经有人确认了这种办法的价值:S. Fraiberg(1980)是尝试将心理分析和生理发展研究相结合的先驱,他与 Daniel Stern 共同发表了一个案例分析,其中既包含了母婴心理治疗,又有对亲子互动的客观测量,展示了母亲的主观因素如何以一种特定的方式与婴儿的个性相互作用,造成互动扭曲,决定了孩子的行为(Cramer & Stern,1988)。Stern 还借助心理学和发展心理分析对婴儿自我意识的发展进行了评估(Stern,1985)。

通过这种互补的方法我们会发现，所谓的"正常"发展也是由焦虑、心理矛盾和冲突等无意识力量推动的，而这种无意识的推动力量通常只有在形成病态现象的时候才被觉察。正常发展和病态反应一直胶合在一起，彼此互动，在对互动进行评估的时候要两者兼顾。在从事与婴儿相关的工作中，我们一直被父母和婴儿具有的修复能力感动着。在婴儿出生的早期阶段，刚刚为人父母的初期，父母和婴儿所具有的自我修复力和相互适应性有可能远远超过人生的其他任何阶段（Brazelton，1981）。这也是为什么我们认为婴儿期是做短期干预的理想时期（Cramer，1989）。在这个时期给予支持和建议可以大大影响依恋关系的建立和成长。总之，正确认识投射、焦虑、矛盾心理等，有助于父母和婴儿之间的关系重返正常健康的发展轨道。评估过程本身——如果父母能够综合理解我们所描述的内容——既可以有力地改变现状，又可以有效地预防未来问题的发生。

我们希望通过下面的案例*向人们展示这种综合方法，同时说明评估与干预、理解与治愈是如何携手共进的。

---

* 每一个案例都是我们工作中的实际案例，第一人称叙述者就是本书作者，案例中涉及的人名都做了匿名处理。

22

莉萨:"人小气大"

J夫妇带着他们3.5个月大的女儿莉萨来寻求咨询帮助,因为莉萨一直"没完没了地"大哭。他们说她一天哭8～10小时,从天明哭到天黑。他们坚持认为,没人能制止她啼哭。父母俩都无法继续忍受下去了。他们已经看了3个不同的儿科医生,他们都说是"疝气",如果将疝气"放"出来,莉萨就好了,他们安慰道:"不管怎么样,12周以后就会好的。"现在,已经超过12周了,她还没有停止哭闹的迹象。他们要疯了。莉萨出生6周以后,妈妈返回工作岗位,姥姥过来帮忙照看她。姥姥来了以后,看到莉萨的情况,说莉萨很像她妈妈小时候,让当时的自己郁闷极了。听了这话,J夫人既感到安慰,又觉得不安。她真心不希望女儿像她一样,问我们是否可以提供帮助,她想趁着孩子还小,让她改变一下。

我问她,为什么女儿像她一样会让她感到不安,她说:"人小气大！我不希望她耗费一生的时间与愤怒做斗争。你看，她还那么小，气性已经这么大！"

J夫人的描述正是我们在第四部分所说的一种典型的投射现象。这位妈妈认为莉萨啼哭是愤怒的表现；这种意义归因扭曲了孩子的信号；她啼哭可能与愤怒没有任何关系，可能是因为感觉不舒服，需要换尿布，或者饥饿等其他原因。

孩子哭闹，就像我们在第二部分描述的那样，有很多目的。在婴儿早期，至少有4种啼哭的原因（疼痛、饥饿、无聊、不舒服），这些很容易区别。J夫人认为莉萨啼哭表示她很愤怒，认为必须先解决她的愤怒，才能安抚婴儿。

姥姥的反应也不容忽视，她的陈述恰好说明了臆想互动如何从上一代传递到下一代。J夫人向医生提出请求，不想在莉萨身上重现她童年时期发生在自己和母亲之间的冲突，那冲突曾经给自己带来巨大的痛苦。

J夫人年轻漂亮，妆化得很浓，穿着考究，是一位成功的律师事务所合伙人。她的先生看起来很冷静，虽然他说自己和太太同龄，却显得比太太年轻。他说："我不是那么介意，不像我太太那样。"他这么说的时候，J夫人看着他，又羡慕又蔑视。她嘟嘟囔囔地说："你若介意，我也许就不这样了。"我感到他们之间关

22. 莉萨:"人小气大"

系紧张,像是要印证我的判断一样,J夫人说:"莉萨使我们之间的关系很紧张。"我意识到她对任何反对意见都很敏感。她精心打扮的面孔和外表在我眼里开始具有更深的含义。

他们给我讲了更多有关他们家庭的事情。他们最大的孩子是个男孩,名叫蒂姆,2岁了,与莉萨完全不同。从出生起,蒂姆就非常好相处,从来没让他们担心过。"就像他的爸爸",J夫人说。他那么好带,一个月大的时候,她返回工作岗位,完全没有任何痛苦和心理负担。事实上,她认为如果继续在家里待下去,她会疯的。育儿一点困难都没有,而她热衷于迎接一切挑战。他很好地适应了一切——保姆、日托中心以及刚出生的莉萨。他没有任何嫉妒的表现。J夫人叙述这一切的时候,她丈夫一直频频点头,穿插着补充一些儿子婴儿时期的片段。他好像比她更投入、更热衷于谈起儿子的事情。她谈起儿子的时候,我感觉她和儿子的关系不像和女儿那样密切。在某种程度上,她好像在为自己辩护,她说:"我很高兴把他丢给别人;生怕会毁掉他那么好的性情。"我说:"这就像是在说你不相信自己是他的妈妈。"她变得强硬起来,说:"或者说,我感觉他不需要我。他一个人过得很好,就像我从来感受不到他(指着她丈夫)需要我一样,他甚至不知道我的存在。"

J先生笑着说:"你当然存在啦,只是我们很不一样。"很快我们了解到他是个保险销售员,业务做得还算好,在时间安排上有更大的灵活性。他待在家里的时间比较多,"所有的哭闹都是他应付,除了莉萨的哭闹",她迅速插口说。

J夫人似乎对要承担孩子的责任感到愤恨不平,似乎这妨碍了她的职业抱负。她似乎认为在工作上成功与做称职的母亲互不相容;事实上,她暗示说,如果她不照顾儿子,儿子会生活得更好。职业成就和母爱能力之间的冲突似乎加剧了这位母亲的痛苦,但也表明了她关怀的力量。

她知道她能有蒂姆很幸运,某种程度上,她意识到下一个孩子会是一个挑战。她说,莉萨出生之前,她就知道她会是个"捣蛋鬼"。还是胎儿的时候,她就整天闹腾。生出来以后,莉萨又瘦又长,"从一开始就显得充满怒气"的样子。我说生气是J太太在莉萨还没出生就赋予她的特性。她说:"好吧,否则她为什么那么爱哭?"

很明显,J夫人"倾向于"一开始就从莉萨身上读到愤怒。这事发生在莉萨身上,而不是蒂姆身上,应该是出于性别的原因,J夫人心目中的愤怒女孩来自她自己的过去。

哭闹让人格外无法忍受,母亲认为这是女儿对她的责备。母亲自感无能会遭受内疚折磨,她对莉萨的怨恨可以看作她自感母性"失败"的体现。

我请J夫人再多聊一点莉萨刚出生时的情况,因为我感觉这个"枯瘦如柴的"婴儿在子宫里时可能有些营养不良。J夫人说,莉萨出生以后特别敏感,又多动,生下来就很难照顾。她不仅对刺激反应过于敏感,喂奶的时候也非常困难,一喂就吐,"如果喂得多,必须喂得刚刚好,否则她永远不能安静下来,就算喂饱了也不行。"婴儿反应过度,确实让人很难理解,也不好喂养,她的反应对她过于敏感的母亲来说非常难以接受,证实了她担心自己是一个不称职的母亲的恐惧。

在这里我们看到一个婴儿的独立个性和母亲的历史之间的交互作用。莉莎的反应过度,正好印证了她母亲的担忧——她的孩子是自己愤怒的体现。

J夫人正说着莉萨的时候,孩子开始在爸爸的怀里扭动起来,就好像她感觉到我们正在谈论她。她突然醒来,开始尖叫。J夫人立刻把莉萨从她丈夫手上抓了过去,又是拍打,又是猛力地上下摇晃,又是急切地寻找奶瓶或安抚奶嘴,试图制止她继续啼哭。看到这种情况,我评论说,听到莉萨啼哭,她真是很难忍受。她急躁地说:"她没完没了地哭,你不心烦吗?"我回答说:"我想我理解她。她是一个非常敏感的小姑娘,要她不哭真的不容易。不过,我想,我可以帮助你。与制止她哭泣不同,我想我们应该将注意力放在另外一个目标上。我会帮助你去理解她,知道她是个独立的人,和仅仅制止她哭泣相比,这对你和她的未来会更加重要。"

J先生听到这话,向前倾了倾身子,就像是他理解我在说什么。J夫人开始更加狂躁地逗弄莉萨,莉萨更加紧张和不知所措了。J夫人说:"我就想知道如何对付她的哭泣,好让我们能再次活得像个人样,这3个月简直就是一场噩梦。"我问是否有什么让她特别担心的事。她很认真地说:"有时,我真担心自己会失去控制,或对莉萨做出什么恐怖的事情。"我说我知道她的感受,没完没了地哭确实会让大多数人都失控抓狂。她不可置信地说:"别人也这样?!"我说她好像认为自己的反应与众不同。听到这话,她先是抗议,随后柔和下来,看着她丈夫说:"我知道,我很容易沮丧,自控能力差。这孩子让我感觉很无能,有时候我都怕她,这让我非常生气。真希望他能管管这孩子。"我说她好像不相信自己能做莉萨的妈妈,同时提醒她,对蒂姆她也有同样的感觉。"我不是慈母类型的人。蒂姆我还能对付,因为我知道我丈夫和蒂姆在一起什么都能应付。至于莉萨,没人喜欢她,连我妈妈也不喜欢她,我妈想丢下我们回佛罗里达,都因为莉萨的坏脾气。"我说:"你一再说莉萨哭是因为愤怒,又说她坏脾气。这是否让你想起自己小时候的样子?你曾经说你小的时候气性就非常大。"J夫人语气更加轻柔了,听起来几乎就是一个孩子。"我小的时候很恐怖，总是气鼓鼓的。有时，我妈气不过，就把我丢下、走开。我恨我自己，直到可以学着控制自己。现在，莉萨越来越像我了，天呐！"

她几乎就要哭出来了，我不确定这个话题是否要继续进行下去，这时，她丈夫探身过来，拍拍她的手，她的小婴儿已经不再哭闹，依偎在她的胸口。"你要知道，"我说，"几乎连莉萨都知道，让你把心中积郁的情感说出来，对你很有好处。你看，她依偎在你胸前，多亲密啊。"J夫人低头看着莉萨，像第一次看见她似的。"你认为她知道我的感受？""也许莉萨那么敏感，和你很像，吓到了你，但是，你知道吗，这对你来讲真的非常难能可贵。"我停顿了一下。"你为什么认为自己非常担忧？""我从来不认为我会成为一个母亲，"她说，"在公司，我很能干，在家里，我不行。"我问她如果能排出时间，她是否愿意就这个问题多谈一谈。她看起来很惊讶："我是为莉萨来的，不是为我自己。"

这是一个很重要的转折点。首先，这位妈妈终于说出了自己的恐惧，害怕自己有虐待孩子的倾向。这是心理治疗工作的一个关键转折点：心理治疗师指出，这种痛苦和内疚的冲动是可以说出来与人分享的，母亲说出她害怕伤害婴儿的事实具有强大的抚慰作用。母亲感到，如果把这种冲动告诉可靠的人，事情真正发生的可能性就降低了。

在这段对话中我们可以看到,在现在这种情形下,重提旧事多么重要;记起她自己小的时候多么"难以相处",帮助J夫人把她童年幽灵的阴影从现在的关系中赶了出去。这样,她就可以从一个全新的视角来看待莉萨,就像第一次看见她一样。

尽管我们知道这既是婴儿的问题,也是父母的问题,但要进一步探索父母在其中的作用会遇到很大的阻力。就像J夫人所说的,"我是为莉萨来的,不是为我自己。"护士或儿科医生需要有一定的技巧,机智地将重点转移到父母身上。所有做婴儿工作的专业人员都需要有这些心理学方面的技能。

我向J夫人保证,我确实要帮助她解决莉萨的问题,不过,这也意味着帮助她解决自己对莉萨的反应问题。作为一个超级敏感的婴儿,莉萨对妈妈的情绪和感受非常敏感。我们希望这一特点对她们之间的关系有所帮助,而不会成为她们关系的障碍。她妈妈点点头,似乎同意了我的建议。

我对莉萨做了些测试,没有发现其他问题。她确实对人的态度非常敏感。我们聊天的时候,我一直在观察莉萨。我一边对她进行测试,一边和她玩耍,直到她的父母也认识到不仅莉萨急需帮助,她妈妈也急需帮助,以矫正她对自己是否是个称职母亲的自我认知。我又将可以帮助他们更好地了解莉萨的地方指了出来。

22. 莉萨："人小气大"

这时，莉萨的身子团了起来，不再像开始的时候那样直挺挺的，又细又长了。不过，当她扫视整个房间的时候，眼里依然充满了焦虑。我看着她，她眼睛睁得大大的，盯着我，让我想起被关进笼子里的野生动物，又恐惧，又盼望。我轻轻地和她说话，她躲开了，眉头皱得更紧了。她的目光开始躲闪。

我认识到，一边看着她，一边和她说话，刺激太多，超出了她的承受能力。她在妈妈怀里拱起来，努力要将妈妈推开。莉萨的身体再次僵直起来的时候，她妈妈的全身也僵硬起来，她们之间的互动刚刚还那么鼓舞人心，现在又变得生硬了。J夫人把莉萨竖起来，离开她的怀抱，就像是无法忍受莉萨的拒绝。几分钟之后，她把莉萨交到了丈夫的手上。爸爸把莉萨抱在怀里，感受到她身体的僵硬，他等到她软和下来，再环抱着她轻轻地摇摆。他既没有看她的双眼，也没有跟她说话。我轻轻地问他，他这么做是不是知道她太容易激动，不能过度刺激她。他沉默地点点头，就像是在说，"如果我现在说话，她就会崩溃"。J夫人嘲讽又羡慕地说："他知道怎么对付她，她已经开始更喜欢和他在一起，而不是我。"很快，莉萨又哭了起来，妈妈就那么看着她，好像她正盼着这事发生。她说："她就是这样一天至少8小时地哭哭停停。如果他在家，他好歹可以安抚她，但是，如果是我在家，她就无法接受我。我真怕我会伤害她，或者弃她而去。"这时，我在J夫人眼中看见了和莉萨眼中一样的狂野。

事实上，她们俩是那么相像。我认为帮助这个女人把莉萨看作一个个体很关键。我有义务把我看到的解释给他们听，虽然我知道理解莉萨的过度敏感只是问题的一部分。我尝试向他们解释，我见过很多和莉萨一样的孩子，他们在心理上对刺激反应过激，这种情况甚至在他们出生之前就已经存在。我们不知道导致这种情况的具体原因，但是我们知道很多出生时体重不足、比较瘦、缺乏糖和脂肪的孩子通常会这样。人们认为胎儿在妊娠末期摄取营养不足，会导致婴儿出生以后个性紧张焦躁，反应过激，一醒来就尖叫。莉萨皱眉表明她很机警，知道处理噪声和视觉刺激很困难。她将身子拱起来是保护自己不被过度刺激。

我把这些症状讲给他们听，莉萨的爸爸妈妈听得很用心。J夫人说："好吧，看起来你很了解莉萨。你怎么知道她出生的时候是那个样子？还没出生她已经是这个样子，是我做了什么导致她这样吗？"我向她保证，就我们所知，情况可能并非如此，她一再向我保证，怀孕的时候她一直很注意饮食，不吸烟，不喝酒，没吃什么药物，并且，那时她也没有高血压。她说："难道是因为我精神紧张？你知道的，那时我并不想怀她。从一开始我就把她毁了吗？"我说我认为有可能不是在子宫里出的问题，但也有可能是出生后她照顾莉萨时的态度影响了莉萨。她立刻怒气冲冲地说："任何人面对一天到晚尖叫的孩子都得像我那样反应！"我说："确实如此！任何人都会这样，并且，我并不是责备你对她如此。

唯一的问题是，你发怒的时候，莉萨非常敏感，她的回应恐怕也会过激。你没看见吗？你一紧张，她的身体就僵硬。这几乎已经表明，你们俩之间已经形成了一种过激的互动模式。一旦感受到你的焦虑，她就身体僵直开始哭闹，你也随之崩溃。"

互动已经扭曲，孩子精神紧张与母亲对称呼应。沟通张力持续出现，几乎可以称之为相互传染。母亲有可能不知不觉就紧张起来了，好像就是要证明在照顾莉萨方面她注定会失败。

J夫人又说："瞧，我就是这么差劲儿，连抱她都抱不好。她和爸爸在一起就好多了。多棒啊！"我点点头表示同意，说："不过，既然这是个问题，我们是否可以齐心协力将它解决呢？莉萨需要你的帮助，好变得不再那么敏感，和她自己以及这个世界更好相处。她让你感到棘手，我和你一样感到棘手。她需要你刚才对待她的那种方式，她挣扎着想挣脱你的时候，也许你可以只抱着她摇一摇，给她个东西让她嘬上，安抚她直到她自己安静下来，这是你真正要达到的目标。当你发现无论怎样都不奏效的时候，也许她需要一个人待一会儿，那就让她哭一会儿吧。也许她需要用哭的方式释放一下接收到的过度刺激。如果是我，我会一次只做一种尝试——注视她，或者对着她轻声地唱歌，或者抱着她，或者拍一拍她。如果尝试超过一种，就可能太多了。"

我建议他们尝试几种方法：(1)每天在一个安静、黑暗的房间给她多次喂食；(2)和她玩耍的时候要轻柔，用心观察刺激过度的信号，比如皱眉、拱身子、打嗝等；(3)她反应过激的时候，不要用多种方法安抚她，对她的抚慰和控制方法要单一；(4)让她一个人待一会儿，让她自己安静下来。可以让她一次哭上10～15分钟；(5)最后，他们可以记日志，以便下次来咨询时作为评估她哭闹规律的依据。

2周以后，J夫妇变得很开心，也很谨慎。莉萨渐渐安静了下来，仅在每天接近傍晚的时候哭闹2个小时而已。不过，J夫人说，他们取得了巨大的收获，"我认为，现在我们终于认识到莉萨是一个真实的人了，我们开始了解她的规律，再也不怕她了，相反，我现在把她当作一种挑战。我做对的时候，她不再冲着我皱眉，看起来充满感激。简直让人不敢相信！"

妈妈投射到婴儿身上的愤怒消失以后，她开始看见婴儿自身的个性，两个人的互动开始让人愉悦起来。

妈妈脸上的焦虑没有了，她看起来年轻了很多，更加开心，也更轻松了。她温柔地抱着莉萨，说话的时候偶尔低头看她一下。我请他们告诉我，他们都做了什么。他们讲述了一段他们学习如何对待这个敏感婴儿的经历。他们尝试了很多次，也失败了很多次，不过大体上来说，就如他们的日志记录的那样，他们的努力还是奏效了，渐渐将婴儿安抚了下来。她的心终于可以被触摸到了。他们向我展示，如果他们循序渐进，鼓励她引领他们建立起让人满意的互动，她就会向他们微笑，咕咕地和他们说话。她妈妈的内心渐渐火热起来，开始相信自己可以照看好她。婴儿看起来也开心多了，更加柔和、放松。

我祝贺他们取得的成功，问他们遇到困难的时候是怎么处理的。我提议说，"也许后面会有更困难的情况出现。我们来谈谈她哭闹的时候你们的感受，这样，当困难再一次出现的时候，你们会有一些应对的智慧。"我问J夫人是否知道她感觉脆弱无助的原因，我向她保证，"你其实一点也不脆弱无能，真的。瞧，这么难处的婴儿你都能应付，并且开始欣赏她。你告诉过我，你的长子出生后不久，你就迅速返回工作岗位。你在长子身上也曾经体验到同样的恐惧吗？"她点点头说："我认为我实在不该尝试做妈妈。莉萨证实了我的这种感受。""你可以和我说说这种感受吗？一定有出处。"她说："在我6岁的时候，我的小妹妹出生了。"我妈妈又生了一个孩子，她感到那么欣慰，况且，那是个非常惹人喜爱的孩子，她不停地拿我和我妹妹对比。我尝试着要帮助她照料妹妹伊丽莎白，她马上把我推开说，'你照顾她，会把她给毁了。她会变得和你一样。让我来照顾她！'莉萨出生了，就好像是实现了那个预言。她就像我一样易怒，这都是我的错。

看见我妈和她在一起，立刻就能想到我妈对我的看法。她看着莉萨，像是对她忍无可忍，让我认识到她对我的憎恶。好了，我都说出来了。"她丈夫想要表示抗议，我制止了他，说："我认为这非常重要，我认为你能听到并理解她对丽莎和蒂姆的挫败感有多深，非常关键。莉萨再哭的时候，她们没准儿需要你的帮助。"

在这个育儿案例中，游荡在育儿房里的幽灵是妈妈童年的自己，眼看着她妈妈的爱转给了妹妹，她的心里无限悲痛。莉萨的出生再现了过去的痛苦，"妹妹"出生带来的创伤以及作为一个问题坏孩子的感受，将妈妈推离了她。

J夫人说："你知道吗，我曾经那么沮丧，都不敢面对自己，只想逃得远远的。现在我终于能够摸到莉萨的脉搏，我甚至感觉照料整个世界都不在话下了。"我和她一起为她战胜了对自己的怀疑而欢欣，同时提醒她未来的路还很长，不过，和莉萨在一起会充满乐趣，因为莉萨将来很可能会非常活泼，她会使她们俩之间的关系充满挑战，但是她承受得了。面谈结束时，J夫人说："非常感谢你的帮助。现在，我出去工作再不是为了躲开她了。"

在这种短期的甚至可以说是相当肤浅的干预中，我们可以看到，了解婴儿的超敏反应和母亲的愤怒投射对缓解痛苦境况的帮助。J夫人对孩子有了知识性的了解，才有可能不再手足无措和满心怨恨。有了这些知识，又浅尝胜利的喜悦，她终于可以面对和女儿之间的臆想互动了，这种互动深受自己过去经历的影响。在丈夫的支持和鼓励下，她当着丈夫的面把心里隐藏的过去的痛苦说了出来，使她今后的日子相对容易，也更加自信。可以肯定的是，她和婴儿获得了更好的机会，以改善她们之间的关系。现在，她学着把孩子和自己的过去割裂开来，孩子成为一个独立的个体，她起初遇到的困难也逐渐减少了。

总之，对这个案例的干预包含两个方面：首先，通过对婴儿进行观察，找到了母亲动辄沮丧而反过来使互动充满痛苦的原因。养育这个婴儿的真正困难之处被找到了。其次，帮助母亲将她心中的愤怒、愧疚和挫败说出来非常必要，揭露出她投射到孩子身上的"坏我"，莉萨必须从过去的愤怒幽灵中解脱出来。

23

塞巴斯蒂安:"责备的眼神"

塞巴斯蒂安,3.5个月大,因喂食困难被带来寻求帮助。他母亲很担心,说他几乎不吃东西,体重也没有增加。M夫人是这个婴儿的妈妈,她坐在我的办公室里时,竭力避免和塞巴斯蒂安面对面,她让塞巴斯蒂安背对着自己,坐在自己的大腿上,从来不直视塞巴斯蒂安的眼睛。很显然,她这是拒绝身体接触。孩子想靠近她,偎依到她身上的时候,她就做出一些举动,竭力避免亲密接触。她给塞巴斯蒂安用奶瓶喂奶的时候,也是让他背对着她。她不得不正面抱孩子的时候——比如给孩子拍嗝——她的动作就非常迅速,并且十分机械。当婴儿再次尝试身体接触时,她一动不动,似乎对他的需要无动于衷。

经过多次来访、交谈,她提到母乳喂养根本行不通,她早就放弃了。当问及给塞巴斯蒂安喂奶的时候,她为什么不看着他,她说她害怕他的目光。后来她描述说那目光充满"责备"。我问

23. 塞巴斯蒂安:"责备的眼神"

她这么说是什么意思。她回答说,她确信塞巴斯蒂安责备她是一个坏妈妈,没有能力履行母亲的职责。

后来,我问起她的童年,她说她很小的时候,爸爸有好几年没在家。他偶尔出现的时候,她会感到非常害怕。他的眼神让她感觉自己既无能又滑稽可笑。她家里没有身体上的亲密接触,她记得若有人提到她的身体,她会感到非常羞耻。她的青春期特别难熬。她发现自己与父亲离得很近时,她会彻底地吓呆在那里。

在这个案例中,这位妈妈将自己过去与父亲的关系和现在她与塞巴斯蒂安的关系关联了起来。投射的影响力如此强大,不仅使母亲不能直视婴儿的目光,也造成了她对婴儿肢体接触欲望的极大抗拒。结果不难想象,症状越来越严重,婴儿变得非常易怒,很难安抚;他想和母亲亲近,又生怕被母亲拒绝。有时,婴儿会突然大哭起来,一个多小时都停不下来,导致咨询无法继续进行。

在这个案例中,特别引人注目的是投射的具体表现:这位妈妈回避塞巴斯蒂安的目光,就像是在躲避她父亲的目光一样;她也回避身体接触,像是在拒绝靠近她的父亲。这种情况不可避免地扭曲了孩子的"真实"信号,使得他们的互动完全无法让人满足。

塞巴斯蒂安和妈妈形象地描画出了投射现象对早期关系

的危害。首先,塞巴斯蒂安十分精确地成了他外祖父的形象的再现。就像我们在本书前面部分看到的那样,每一个父母都会在自己孩子身上或多或少地看见自己家人的影子。不过,如果这种家人认同太过分,孩子就会成为父母过去经历的囚犯。除非父母把孩子的真实人格区别出来,脱离与他们父母形象的混淆,否则,真正的相倚反应就不可能出现,也无法改变互动的扭曲。父母与其父母关系不理想,他们与婴儿之间的关系就会遇到风险。举例来说,在这个案例中隐含着羞耻和恐惧,最终,婴儿会被赋予审判和挑剔的特性,使得治疗更加困难。即便妈妈认识到她的童年与现状之间的关联,她也不能洞察到她对孩子的感受正是她自己制造出来的。如果认识不到这种更深层次的洞察缺失,父母表面上看着理解力很强,临床医生可能会满足于给他们一些建议,而不尝试纠正他们的错误认知,也不会告诉他们不能把婴儿与他们的父母等同。过去的经历对现状的投射和定罪非常强烈,仅仅给一些建议显然不够。

每周一次的治疗进行了4个月,塞巴斯蒂安和M夫人之间依然存在很多需要跨越的障碍。妈妈在塞巴斯蒂安面前依然很僵硬,塞巴斯蒂安的运动能力发展迟滞,依然还处在趴伏阶段,不能很好地独立起坐。他尝试引起母亲注意的时候,她依然还是会僵在那里,或者身体萎靡,完全不能向他靠近。他变得无精打采,

23. 塞巴斯蒂安："责备的眼神"

很少对什么事情感兴趣或者表现激动，他的反抗也软弱无力，脸色委顿，似乎不能确定他的抗议是否值得。妈妈终于抱起他来，像个石雕一样把他安放在她的腿上。他偶尔伸出手，想要摸一摸她的脸，她立刻退缩着急忙将他的手挡开。她终于低下头看着他微笑，他早已经放弃，兀自一个人玩玩具去了，她似乎也不介意，好像没有觉察到孩子的这些举动。他退缩着，将自己深埋在玩具中，他无精打采地玩游戏，没有任何喜乐的神情。他一遍又一遍地敲打着那个玩具，既不把玩探究，也没有把它放进嘴里。

喂食问题依然存在，M夫人把塞巴斯蒂安交给我，让我喂他。他拒绝吃饭却很有精气神，我尝试给他喂食的时候，他哭得声嘶力竭。他妈妈把这号哭的孩子接了过去，但是，马上她又变得反应迟钝，对他充满惧怕。她立刻给他喂奶，没有对他进行任何的安抚，也没有尝试把他安放在一个舒服的位置。当然，他继续拒绝吃奶，把奶嘴吐了出来。他只是干号，偶尔抬眼迅速观望一下她的脸，她对此置之不理，他就把目光转开了。

喂奶的时候，他流出口水，她立刻抓住机会，用一块口水巾不住地擦拭他的嘴。他的头不住地左右摆动，她就一直不断地试图拿那块布捕捉他的嘴巴。现在的情形变成了她一直追着他，而他拼命地躲闪，不让她靠近。他俩都轻轻地笑起来。我感觉到，他们之间最具热情的互动，发生在她并不看好他、对他做出侵犯行为的时候。

除了这稍纵即逝的亲近,大体上来讲,当孩子希望引起她注意的时候,M夫人似乎总是不能做出回应。如果她能回应,他的参与会多很多,对他周围的世界也会多一些兴致吧。事实上,他看起来总是无精打采,就算玩耍也是敷衍了事,没有任何真正的乐趣。而当她对他粗暴侵犯的时候,他却生起了最大的兴致。我感觉这种互动模式是由成人刺激导致的。他非常害怕我,不敢和我玩耍,但是我确信,如果有人够敏锐,他还是会对他做出反应。塞巴斯蒂安拒绝进食是他日常互动模式的一部分。由于他最激烈的反应就是消极抵抗,他用一种让人不爽的方式拒绝不喜欢的食物,也就没什么奇怪的了。

由于妈妈继续拒绝目光和身体接触,他们的关系一直扭曲着。塞巴斯蒂安8个月大的时候,我们可以对妈妈和婴儿的行为进行质量评定了。我们观察到,塞巴斯蒂安被抱着持续时间最长久的姿势是:塞巴斯蒂安背对着妈妈的胸口,看着远处,被妈妈用手拦着坐在妈妈的腿上,他的背距离妈妈的前胸达10～60厘米远。在我们对他们进行观察的时候,有50%的时间,他们是这样的坐姿,超出其他坐姿4～5倍的时间(Cramer & D'Arcis)。通过微量分析,我们可以看见互动表现出来的妈妈过去经历的恐惧。

大概在塞巴斯蒂安1岁生日的时候,我们认识到母婴之间的互动已经被极度的接触回避困住了,他们之间的互动非常不愉快。塞巴斯蒂安烦躁不安，非常痛苦。妈妈没完没了地抱怨他，并且认为自己是一个"坏妈妈"。后来，我们对他们实施了双重干预。一方面对他们之间的关系进行"治疗"，在每周的联合治疗中，告诉这位妈妈她对亲密接触的恐惧对他们的关系造成的交互影响；另一方面，我们意识到，母亲的顾虑很强烈，在她的行为改变之前，许多时间已经飞逝而去。婴儿发育迅速，需要一个轻松愉悦的伙伴。因此，当塞巴斯蒂安1.5岁的时候，他开始单独接受游戏心理治疗。

2.5岁的时候，塞巴斯蒂安依然非常多动；语言发展迟缓；在游戏中显现出很多困难。这时，他妈妈对自己的养育能力已经非常失望。不过，通过每周的治疗，她渐渐找到一些和塞巴斯蒂安相处的新方式，她最喜欢的一种互动方式是给塞巴斯蒂安读书，这对他们关系的改善起到了很大作用。尽管如此，她还是拒绝进行身体的亲密接触。

塞巴斯蒂安5岁的时候，他的发育已经算是不错了。他说话已经很出色，不再那么多动，可以进行互动游戏。她妈妈依然抱怨自己的育儿能力，但是我们也能感觉到她一直在努力。

回想起来，我们认为，如果没有进行干预，塞巴斯蒂安有可能还是多动，并且有可能从多动衍生出更加严重的症状。直到我们开始写这本书的时候，如果你是第一次对他进行评估的话，塞巴斯蒂安已经完全不再是一个高风险儿童。这是早期评估带来特别心理帮助的一个例子，有可能正是因为这种早期干预，避免了更严重的后果发生。

24

✱

彼得:"真是个野人"

彼得快要4个月大了,他被妈妈带到我们诊所,据说他"很不开心,没完没了地哭闹,烦躁不安"。他的妈妈S夫人已经向多方求助:产科和儿科医生们说是"疝气",并且保证彼得再长大一些就好了;她也向父母求助,父母给她的只有责备。在我们诊所,她满心悲伤,哭得歇斯底里,威胁说如果问题得不到解决,她回家以后有可能要揍他了。

我们给彼得做了检查,发现他身体很健康。S夫人看起来很凌乱,情绪很低落。她是独自带孩子来的,她说她的家人(包括她的丈夫)并不认为彼得有什么问题。她认为她被家人孤立了。虽然她说她"知道"他哭哭啼啼"都是"疝气惹的祸,但她心里还是忍不住认为这都是她的错,是她无能,无法帮助他缓解痛苦。直到现在她也不知道该怎么应付,她特别沮丧难过,忧心忡忡,既为自己,也为婴儿。

她说话的时候，彼得的小脸看起来很痛苦，他皱着眉头爬到了远处。他的身体僵硬，妈妈说话、情绪流露的时候，他的身体随着妈妈的情绪波动不时地一跳一跳地起伏。我试图和他对话，他躲开了。我发现和他进行目光对视非常不容易，我一向他靠近，他就皱着眉头躲开，扭头看向别处。我做了一个错误的举动，试图抱起他来，他立刻愤怒地尖叫，无助地哀声痛哭起来。他妈妈深深地叹了口气，把他拢进像木头一样僵硬的臂弯里。他安静了下来，双眼空洞地看着远方。

看着他们让我心生不安，他们的互动完全没有积极的回应；妈妈和婴儿的面孔都紧绷绷的，没有丝毫笑颜。他们不看对方，互相回避，除此以外，还有其他很多不能形成相倚和呼应的表现，互动双方都非常痛苦。给他做检查的时候，只要检查人员靠近他，他就竭力躲开，特别不配合。很显然，他们所咨询的第一个医生没有意识到事情的严重性。妈妈说她眼看着控制不住要伤害这孩子了，这事情到了必须进行干预的地步。

刚出生的时候，彼得体重3.6千克，看起来很正常。阿普加评分近乎"完美"。但是，很快他出现呼吸困难，马上被送进氧气室24小时。S夫人说她知道一定是出了什么"问题"，现在的情况完全印证了她那时的担忧。彼得有轻微的黄疸症状，他妈妈

24. 彼得:"真是个野人"

也认定这是造成后来问题的元凶之一。4天以后,他出院,和妈妈一起回家了。从护士手上接过他的时候,护士说他"真是个野人",她立刻预感到她将要面对很多问题。

回到家的第一个月,彼得几乎在各个方面都有困难。S夫人说:"自从到了我们手里,他一直特别难缠。"安抚他总是困难重重,只有一个自动摇摆弹跳车貌似有片刻的帮助。彼得3个月大的时候变得更加难缠了,除了吃奶的20分钟,他一直都在哭闹。吃奶和睡觉也很困难,吃奶的时候他一直拱来拱去,常常把背拱起来。他吃的配方奶频繁地换了又换。由于不能和他顺畅地互动,S夫人非常沮丧难过。她常常感到他对她视而不见。

在这种情况下,任何人若顺口说一句话,哪怕很随意,比如"他真够野的",都会立刻被妈妈作为印证她心理投射的依据。这标签贴到了婴儿身上,预言就这么不幸被"言中"了。在这个初始的敏感阶段,每个专业人士说出的每一个词都将被父母牢牢地抓住。护理人员对孩子的评断一定要非常小心,无论父母是不是过分焦虑型。

尽管他母亲很担忧,但彼得从外表看起来却是一个营养良好、健康的男孩。他看起来很机警,我从2米远的距离观察他的时候,他甚至偶尔会向我露出微笑。他安静地坐在妈妈腿上,我和他妈妈谈话的时候,他一直左顾右盼,用眼睛探索周围的环境。无论是照料他的时候,还是和我谈话的时候,他妈妈都很焦虑。

无论发育评估还是体能检测,都显示他很正常,彼得的表现显示他似乎对刺激过度敏感。不高兴的时候,他很难接受安抚,抱着他来回走、摇晃和轻拍对他都无济于事,但是把他竖直地安放在妈妈腿上,他就安静了下来。

彼得给我留下了鲜明的印象,他的行为带着鲜明的性格特征,这些特征被 Stella Chess 和 Alexander Thomas(1984)等称为"难缠"。他对外界刺激反应过度敏感,容易心烦意乱,不受安抚,睡眠和进食不规律。S夫人因此自责,认为一切都是她的错,她把这一切都解读为彼得"不开心"。

我和妈妈的讨论刚开始的关注点是彼得的脾气。我给了她几个具体的建议:喂奶的时候去一个相对安静的房间,减少外界刺激,免得抢夺喂奶时他的注意力,对喂奶造成干扰;午睡的时候把他房间的门关上,让他姐姐到别的地方去玩,减少他附近的噪音;和他互动的时候动作要轻柔,循序渐进地给他刺激,留意显示刺激超出了他的承受范围的信号,比如,把头转开或四肢僵直等。

我们敦促S夫人只要需要就打电话,并约好了一周以后回访。

24. 彼得:"真是个野人"

咨询进行到这个阶段,我们干预的重点是通过指出彼得是个难缠的孩子来帮助母亲,这在某种程度上能够减轻她的自责。就像我们之前指出的那样,毫无疑问,如果要找出妈妈内心愧疚的根源,必须做更深入的观察和研究。

初次来访和第二次来访之间,整整一周时间,S夫人并没有打电话过来。这时,彼得4个月大了。她告诉我孩子有了很大改善,虽然还是很难缠,哭哭闹闹,不得消停,却可以睡一整夜了,并且她开始找到他的规律。

据我观察,彼得还是很容易紧张激动,不过他承受刺激的能力越来越强,面部表情不再那么焦虑,可以盯着我看一会儿了。

S夫人的脸色柔和了很多,少了很多怒气。她不断地说:"你对我说的关于他的话太有帮助了!真是无法描述我对他的内疚之心。我发现从一开始我就在心里恨他,为自己的悲惨责怪他。"接着,她说按照我的建议,"在安静的黑暗的房间里",他静静地躺在她的臂弯里,浑身放松,那感觉简直是棒极了!事实上,他几乎可以让她抱着玩一会儿了。她给自己添置了一个摇椅,"就像你诊室的这个一样"。她发现如果安安静静地摇晃他一阵子,她就可以温柔地和他说话,这时能感觉到,听到她的声音,他的身子就舒缓下来。她用这种方式接近彼得,感受到他在她臂弯里的回应,她发现她竟然可以把彼得的小身子拉近自己,而彼得也顺势依偎过来。"不过，"她说，"他还是不让我直视他的脸。"她给我讲述了自己不再拒绝彼得的演变过程。他曾经那么抗拒人，看不得她的面孔，听不得她的声音，她只能让他背对着自己。现在她那么渴望接近这孩子，她把自己内心的渴望告诉我，又说之前没有得到过任何人的帮助。

"我的做法有什么不同呢？"我问她。她想了想说，她认为我没有断定说她焦虑过度。我和她分享了我在和彼得互动中对彼得行为的观察，包括他们第一次来的时候我们对彼得进行身体检查时所看到的情况，她说我们的谈话增强了她的信心，她认为我和她看到的情况相同。

我们对这位妈妈起到帮助的是什么呢？这两次寻诊经历主要包含以下成分。

1. 作为儿科医生，我允许她表达对自己的看法，倾听她的恐惧和内疚。我没有单纯地向妈妈一再保证孩子没问题。我的共情使这位妈妈感觉她因彼得抓狂和忧伤没什么不对。听取她的心声，尊重她对"症状"严重性的判断，让她心里得到安慰，促使医护人员与母婴建立起了合作关系。

2. 照料这个孩子时会遇到很多困难，这种情况得到医生的认同，妈妈从而获得了之前从来没有得到过的理解,不再感觉自己"无能"而又"孤立无援"。
3. 另外,我注意到一个非常重要的转折点,这位妈妈不再把孩子看作无法兼容的敌人了!我们交流的焦点从解决孩子的问题转移到妈妈的感受上,她现在可以谈论自己的内心了,这就打开了寻找问题深层原因的大门。

S夫人告诉我,现在她开始渴望和宝宝亲近了,不过,她接着又说,虽然她和宝宝的关系有所改善,但她仍然认为自己做得很失败。听到别人夸赞彼得在认知和社交能力方面发育出色,她还是不能接受。她依然想要跑开,内心深处依然潜埋着深刻的愤怒,这使得她非常内疚,特别看不起自己。她与丈夫、亲戚、朋友等的关系依然很紧张。

在这次的讨论中,S夫人开始谈到她的童年,谈到父母与她关系冷漠带给她的内心感受,又说她决心不要在她和自己的孩子之间出现这样的情况。S夫人从小感觉总是被人排斥,她非常盼望能像大姐姐那样聪明漂亮,深受大家喜爱,事实是,她总感觉父母讨厌和憎恶她。现在,她感觉连彼得也不接受她,就像她小时候被人拒绝一样。她把这隐藏已久的心理负担表达出来时,眼里满含泪水。她说:"我知道自己有些不可理喻,但是,只要彼得一哭闹,我的心立刻就被这种情绪充满了,我真不知道该怎么办。"

S夫人渐渐开始明白，彼得的某些难缠行为仅仅是因为承受不了过多的刺激而难受，但她还是忍不住认为，他这么闹是想要操控她，用他的痛苦吸引她的关注。这让她感觉更加内疚。幸运的是，我们对此进行了开放的讨论，虽然我没有表达任何意见，但S夫人还是感觉因为彼得没完没了的哭闹，连我也在责备她。这让我们有机会在彼得再次哭闹的时候，可以具体讨论她因此产生的内部情绪。

我发现S夫人关注的都是彼得负面的、难缠的行为，我试着要打破他们俩之间的这种恶性循环。我建议，在她的承受范围内，他们每次玩耍的时间不要超过10分钟，一天可以多玩几次。每次玩的时候，她只对他的积极行为进行回应。这样做的目的是：

1. 帮助S夫人建立自信，看到自己可以对彼得做出积极的反应；
2. 让彼得发现，除了难缠以外，他还可以用积极的方式引起别人的关注。

同时，我还建议S夫人，当她感觉情况已经超出了她的承受范围，她开始感到内疚或无助的时候，暂时走开一下，不要急于安抚难缠的彼得。

一个月以后，他们再次来到我们诊所，S夫人和彼得看起来都很不错。彼得已经不再哭闹个没完。现在，他哭，"一定是想达到什么目的"。妈妈说，他哭的时候，她就根据我给她的建议，任凭他哭，走开一下，看看他到底想要做什么，也"把我自己丢下一会儿"。多数情况下，都是因为给他的刺激太多造成的。这时候，她就抱起他，到一个安静的房间，抱着他轻轻地摇摆，温柔地和他说话，告诉他如何接受她以及她和他玩耍的方式。

我问她，是否有什么人我们还没有谈起过，而她想获得那个人的认可。S夫人突然哭了起来，说特别想念她的妈妈，她妈妈离开她和孩子已经很久了。她认为妈妈离开她们就是因为妈妈认为她小的时候不接受妈妈，跟她对彼得的感受一样。突然，她坐直了身子，把彼得拥抱得更紧了些，温柔地低头看着他，说："不过，我想你是理解的，那可是很大的帮助。"她好像是在对宝宝说，又像是对自己说。

S夫人找到了一个理解她的盟友，这个朋友很看重她的感情，允许她表达对一个"善良的、善解人意的母亲"的渴望，她对孩子有一些理解了。

在这个案例中我们看到，在关键时刻进行相对短暂的干预，可以带给正在发展中的母子关系很大的变化。S夫人怀孕的时候一直为胎儿的发育、围产期、母婴分离等担心不已，事实好像证明了她对自己的看法,她不是一个称职的母亲,伤害了自己的孩子。这些经历让这个新手妈妈对彼得的哭闹和难缠格外敏感,应对过度,以致认为孩子不接受自己。幸运的是,她不断加深的绝望促使她很早就来寻求帮助,在医生的帮助下,她学着透过表面看问题的实质,渐渐理解了导致她反应过度的原因。早期干预给了这个家庭一个重整旗鼓的机会,避免了关系彻底失败造成更大的伤害。在这种情况下,有接纳心的护理员对她进行持续的帮助就非常重要了。

孩子对外界刺激反应过于敏感,也是早期关系出现困难的原因之一。经过解释,S夫人渐渐认识到彼得是一个敏感的个体,要把他和自己分别对待。一旦她认为哭闹和敏感反应都是由于自己的失败,她就无法将孩子看作一个个体。她将自己与婴儿相混淆,增加了照顾婴儿时的焦虑,强化了那些试探性行为。随着S夫人开始减少对儿子施加刺激,关注儿子的积极反应,彼得获得了空间和自由,可以学着与她呼应了。他的神经系统渐渐成熟,他学会了适应母亲给他的刺激,哭闹也就减少了。他们相互学习,很快S夫人发现,彼得也会做出爱的反应,她终于体会到了渴望已久的成功。

25

克拉丽莎:"无论代价如何"

克拉丽莎的妈妈生她的时候31岁,克拉丽莎是个早产儿,在这之前她妈妈曾经流产过几次。为了保住胎儿,她做了宫颈闭合手术,怀孕27周的时候,宫颈闭合移除,她产下一个0.9千克重的婴儿。尽管有许多并发症,婴儿还是活了下来。她的情况非常危险,新生儿阿普加评分不是很理想,并且她还需要氧气复苏。随后她又出现了呼吸窘迫,7周以来,克拉丽莎一直在接受人工呼吸支持,喉咙里插着管子,用了许多药物。出生第2天,她出现了新生儿黄疸,不得不进行换血治疗,又光疗了5天。她需要做肺部手术,并发感染和肺炎,为此她接受了14天的抗生素治疗。尽管出现了所有这些并发症,克拉丽莎还是活了下来。在胎龄35周的时候,也就是她出生后的第8周,她被安置在了室内空气中。这时,我们开始用我们的评估技术对她进行成长追踪。她仍然有呼吸系统问题和脑出血的迹象,我们怀疑这可能会给她造成轻微的神经损伤。

在整个过程中，她妈妈到医院去看了她51次，爸爸去了49次。开始对克拉丽莎进行评估追踪的时候，我们邀请她的爸爸妈妈一起参与，D夫人很开心，因为她希望我们发现，就像她坚信的那样，"克拉丽莎能做一些似乎没有人相信她能做的事"。她快速补充说，她见过一个正常的足月生产的女婴，并且发现她和克拉丽莎特别不一样。她知道要花费很长时间，但是这孩子活了下来，并且情况越来越好，这让她感觉假以时日女儿一定会强壮起来。D夫人是个编辑，已经回到工作岗位，不过，她计划等克拉丽莎出院回家的时候就辞职。克拉丽莎的父母与新生儿重症监护病房的工作人员建立了非常密切的关系，他们合作的热情说明他们迫切需要支持。

我们当时正在进行一项研究，每两周我们会对36～44周胎龄的新生儿进行一次新生儿行为评估。每一次评估克拉丽莎的父母都请假来参加。当克拉丽莎感到憋气时，护士们教他们如何给她输氧，他们似乎知道何时照顾她、如何照顾她。但是，当我们对克拉丽莎进行测试，向她施加刺激时，她变得紧张起来，她的父母也会随之变得非常沮丧和低落。胎龄36周时，在我们对她进行测试的过程中，克拉丽莎变得激动不安，肤色也变差了，测试没再继续进行。克拉丽莎把右手放进嘴巴里对自己进行安抚。D夫人注意到了这个细节，她高兴得几乎笑了起来。每一次克拉丽莎短暂地注视一下考官的脸,并随他移动目光,她的母亲就激动得难以控制自己。尽管这个婴儿极其脆弱;尽管她的自主呼吸的能力还很弱,她在受到刺激时会面色发蓝,喘不过气来;尽管她的手臂和腿部的运动协调能力很差(这增加了神经缺陷的可能性);尽管她的状态控制能力不足,导致她在极短的时间内就能从安静状态转向激动不安的哭泣,但检查人员还是注意到克拉丽莎在试图对自己进行控制,并且发现她对听觉和视觉刺激有短暂反应。她的父母似乎意识到了她的所有缺陷,但也注意到了她试图控制自己的努力以及她其他令人鼓舞的表现。他们试图了解她的反应极限——她的反应阈值和刺激水平之间的狭窄界限,超过这个界限,她将不堪重负。

即使是严重早产的婴儿,评估也要关注父母与婴儿的互动。进行特殊治疗时,父母总感觉自己是治疗团队的一员,这些父母特别需要了解他们的婴儿的特殊优势和缺陷,需要了解如何与一个容易紊乱的婴儿互动。

在胎龄40周的时候,克拉丽莎出院回家了。她依然很难接近,与我们能提供的帮助相比,她更能自己安慰自己。父母称她为"充满挑战的宝宝",为了接近她,他们必须耐心等待。他们再来求诊的时候,D夫人将他们不孕的问题及决定生育的情况告诉了研究小组。克拉丽莎就是他们所得到的"特殊"孩子。现在他们决心让克拉丽莎尽可能好地发展,"无论代价如何"。尽管要面对各种困难,但她的妈妈已经储存了12周的母乳,尽自己最大的努力来喂养克拉丽莎。克拉丽莎的神经系统评分仍然很不乐观,整个过程她的反射行为都不充分,肌肉张力不一致,眼球运动异常,行为状态也不充分。她哭的声音尖利、刺耳。她在4周的测试中没有表现出什么进步,我们觉得她的恢复还不确定。她的父母非常乐观,不承认他们真正担忧克拉丽莎的未来。尽管他们说,对神经科医生说到的可能的"脑损伤"心怀忧虑,但他们通常只是静静地看着我们对他们的孩子进行检查。

早产儿有很多特征:在第一个月,他们很容易醒来,大部分时间哭闹难缠(达8个月之久);不容易安抚(Als, 1982)。直到要出院的时候,早产儿和足月生婴儿相比,没有那么机警,反应不够灵敏(Di Vitto & Goldberg, 1979)。起初,父母双方都很少碰触婴儿的身体,面对面的时间也很少,很少对婴儿微笑或和婴儿说话。在早期喂奶的过程中,足月生婴儿的父母会触摸婴儿,把婴儿抱在怀中,并与婴儿对话,早产儿父母做这些举动的概率要少很多。这些区别随着时间的流逝会越来越小,但是到8个月的时候,在游戏阶段中会发现,早产儿的游戏时间要比足月生婴儿少,更难缠,要求获得父母的关注比足月生婴儿多。这些区别有可能会在12个月大的时候消失(Goldberg等人，1988)。

总的来说，与早产儿互动会让父母更加劳累，与反应不是很灵敏、缺乏协调性和整合性的早产儿互动是对父母极大的考验，对"专业的"护理人员来说也一样。对早产儿要给予更多的帮助和支持。早产儿很容易对外界刺激反应过度，对他们的行为评估要格外精细，技术手段也比较特别(Als, 1983)。

父母往往会对这些不足进行弥补，母亲倾向于变得异常活跃，而婴儿则倾向于躲避她的目光。这是相倚失败的一个典型例子。由于没有从婴儿那里得到足够的信息和反馈，母亲开始侵扰婴儿。如果母亲被教导去模仿婴儿的行为，他们的互动会放慢速度；婴儿更有可能维持凝视接触(Field, 1979)。

对早产儿的评估加强了我们对早期互动的研究。研究早产儿与养育者之间积极互动的组织能力，有助于我们更好地了解新生儿自分娩后的正常恢复过程，以及所有新生儿在神经系统受到侵扰后，让人惊讶的恢复可塑性。

研究小组的努力逐渐获得了更多的成功，到了44周，克拉丽莎就不那么脆弱了，外界刺激不那么容易超出她的负荷，听觉和视觉反应也更敏锐。摇晃包在襁褓中的她仍需十分小心，需要给她提供安静而缓慢的刺激。

父母急切地看着我们，想知道怎样照顾她、鼓励她。他们几乎一天到晚地看着她，似乎永远不能将她带回家，说起这些，他们毫无怨言。她频繁、无法控制地哭闹的时候，他们就用襁褓把她裹起来，不时地喂奶，用他们见过我们使用的所有技巧来安抚和满足她。我们回访的时候，他们趁机寻求更多支持，观察我们对克拉丽莎所做的一切举动，以便获得重整旗鼓继续前进的力量。母亲决定和克拉丽莎不限期地待在家里，父亲每天晚上都回家来帮助她。他们就这样互相帮助、互相支持，在我们面前互相夸赞，同时，他们也很坦白地告诉我们，很希望有家人住在附近可以给他们一些支持。

在第5个月的回访中，克拉丽莎的起坐表现引起了我们的担忧，研究小组决定将她转诊到附近的脑瘫干预项目中心进行评估和治疗。在与我们团队中一名受过心理医学培训的社会工作者会面时，父母对转诊的事情提出了许多问题，没有得到孩子未来结局的明确答案，他们表现出愤怒和沮丧。

物理治疗开始于第8个月。9个月后，克拉丽莎持续活跃玩耍的能力在增加，她对周围人的反应也更好了。她不再像5个月时哭得那么厉害，但在玩耍过程中，以及睡眠—觉醒过渡中，她仍然很难协调，并且无论白天黑夜，仍然需要至少每3小时喂一次奶。她还长了一双严重的斗鸡眼。

她父母看起来已经筋疲力尽。克拉丽莎的喂奶、睡眠问题已经讨论了9个月,她的父母公开询问了他们郁积已久的有关她早产和大脑损伤的问题。"她会完全康复吗?"这一直是他们最关心的问题,但他说,若不是我们"强迫他们",他们一直不敢向对方承认内心的这种担忧。能够谈论这件事似乎是一种解脱。他们很快补充说,他们很喜欢克拉丽莎,并且会注意到她展示的每一项新技能。事实上,根据我们的评估,在9个月大的时候,她的表现相对于她的年龄段来说可谓良好,测试人员在对她做测试时表现得加倍耐心,又降低了标准,甘心情愿地在她身上花费了比平时多一倍的时间。

对于这种情况,动力精神病学主张给予父母两种主要的鼓励。鼓励父母表达他们不敢自发表达的担忧、恐惧和疑问。他们需要感受到,他们可以与医疗团队分享他们的忧虑和恐惧。很多时候,若专业人士允许他们表达对不良结果的担忧、对死亡的恐惧、对治疗的矛盾心理等,病儿的父母会得到极大的安慰。交流本身具有治疗效果。

父母需要把情感表达出来,接受他们内心的悲伤、哀痛和愤怒。虽然这种需求很明显,但在精神科医生和儿科团队共同工作的过程中,我们看到很多专业人员害怕见到这些情绪表现,特别是眼泪和悲伤,这让我们印象深刻。某些专业人士往往急于施加安慰,掩盖情景的悲惨,阻碍了悲伤的释放。

在18个月的回访中,我们对这个孩子的持续康复印象深刻。她仍有潜在的行为紊乱问题,但她似乎了解自己的能力,有能力保护自己免遭"崩溃"。她现在可以一觉睡到天亮了,也可以自己吃饭了。她可以独自充满创意地玩耍。她的母亲详细地讲述了让克拉丽莎独自玩耍,忽视她不断提出的要求,对他们来讲是多么困难。晚上,她第一次任凭克拉丽莎哭了一会儿,让她吃惊的是,从此克拉丽莎可以一觉睡到天亮了。白天,她发现,如果将克拉丽莎最初的牢骚置之不理,她可以表现得很独立和机智。这对D夫人来说很难,不过,治疗师告诉她,克拉丽莎可能比她想象的更外向、更独立。戴上眼镜后,这孩子的视力得到了明显提高。她现在可以用3~4个词的短语说话,这表明她的接受性语言发展良好。

接受身体检查时,她发了一次脾气,母亲把她抱起来安慰她,她就安静下来了。她的下肢协调和反射能力略高于同龄人,她的听力也较同龄人稍高。她走路依然有些外八字。在贝利测试中,她的表现略高于她的同龄人,在能量水平以及精细运动和大运动技能协调方面的得分也高于平均水平。

她的父母形容她"很有趣,一直在说话,让人大受鼓舞"。事实上,在社交场合,她很讨人喜欢,执着而又迷人。做任务遇到困难时,她常常坚持不懈地一遍遍尝试,直到完成为止。当她最终在一项任务中失败时,她快速看向父母,向母亲或父亲寻求支持,仿佛失败让她非常失望。我们觉得父母帮助她康复的决心已经体现在她要取得成功的决心上了。

父母对我们的关心表示感谢,但认为我们"对他们说得还不够"。虽然他们现在并不真正担心她的康复,但他们还是希望能更好地评价康复中的每一个步骤和预期结果。他们似乎一直感觉在孤军奋战。但是之后,他们开始详细地叙述他们所能记起的我们的每一次评估,以及他们从每一次评估中学到了什么。虽然身体检查使父母处于防守状态,但他们喜欢看克拉丽莎在行为检查中的表现。他们能看到并感觉到从一个阶段到另一个阶段的发展中,她一直在不断地成长学习。

我们对早产儿进行评估的时候,会与父母分享婴儿的发育过程,并调动他们的能量以使婴儿发挥最大潜力,其效果甚至超出了我们的想象。我们向父母示范怎样做可以帮助婴儿做出最成熟的行为,父母可以复制我们的方法,为婴儿能得到最好的恢复而努力。因此,对早产儿的评估已经成为我们和家长沟通和持续发展的途径。在对任何一个小婴儿的评估中,人们不仅可以观察到婴儿当前的能力状况,还可以观察到婴儿对父母的举动以及父母对他们的反应。通过与他们分享这一观察结果,我们为父母提供了一个机会,使他们在缺陷之外还能发现婴儿积极的潜力。

与父母分享重复进行的观察情况,是一种强有力的干预过程。它们有助于父母认识到婴儿是一个有能力、发展中的个体,即使这个婴儿是个正在经历各种早产并发症的早产儿。即使有明显的损伤,其恢复过程也会得到增强。就像事实已经显明的那样,进行早期婴儿评估的时机以及与父母分享信息的时机,是影响治疗效果的决定性因素。

26

鲍勃:"他们把他带走了"

鲍勃是个早产儿,出生在一个郊区医院,出生时体重是2千克。虽然他的整体状态看起来良好,但由于怀疑他肺部有问题,他还是被带到了高危育儿室进行观察。

刚刚出生的那一周,他妈妈没来探访他,我们的医护人员为此非常担忧。我们打电话约她来,这个年轻的R夫人,因为孩子被带走,表现得非常愤怒。她担心医生在她不知情的时候给他做了手术,对他造成了伤害,固执地认为她再也见不到他活着回来了。这种致命的担忧引发了她可以预期的悲伤,她不愿意和这个注定要过早死亡的孩子建立联系。

无论是护士还是儿科医生,都跟她解释她所确信的事情是不真实的。鲍勃只是有轻微的肺部问题,医护人员对他的预后完全没有任何担忧。这种保证根本没有作用。我与她交谈的时候,她透露出自己内心恐惧的根源。6岁的时候,她妈妈生了一个男孩。她总是在他旁边和他一起玩耍。他9个月大的时候患上了急性肺炎。医生一边喊着"把他带走",一边把弟弟带上了救护车,这女孩再见到弟弟是几天以后,他躺在一具小小的棺材里面。

她自己的孩子出生时,也被医生带走了,由急救车带去特护病房,R夫人确信同样的事情又发生了。她的儿子如今变成了她的弟弟,他也注定要死于肺部疾病。这位母亲极度焦虑。她拒绝与鲍勃建立联系,以保护自己免于遭受他的死亡带来的悲痛。

在这个案例中,我们首先做的是给母亲一个机会,让她自由地和我们聊一聊,而不是急切地向她保证什么。让父母将过去的悲痛发泄出来,表达出对现在可能发生的丧失的担忧,这一点非常重要。最有帮助的是详细描述过去的悲剧。R夫人向我们讲述发生在她弟弟身上的事情,她郁积的大量情感得到了释放。这时再跟她解释她这么做是把过去的事情和现在的情景对等看待,就容易多了。

把过去和现在的混淆区分清楚以后,R夫人深感放松。这时——直到这时她才开始接受我们做出的鲍勃只是轻微肺部问题的解释。我们将他的症状描述给她听,又把他的X光片拿给她看,鼓励她去探访孩子。直到这时,她终于"发现了"他,就像是鲍勃刚刚出生。一种真正的亲密关系开始建立起来了。

这种依恋失败（可能会产生非常严重的后果）主要受到了母亲的幻想的影响，鲍勃出生时的情景也在一定程度上导致了依恋失败。R夫人带着强烈的情感，讲述了她死去的弟弟的情形，但拒绝与现实的婴儿互动。这种情况绝非特别，也并不罕见，婴儿早产往往会激起过去的悲伤，无论怎么样，这种反应总是很强烈。对依恋的恐惧本身也不一定是"异常"或"病态"反应。

将产妇对早产反应的案例提出来，是为了再次说明婴儿期评估的基本原则：即使婴儿本身具有某些清晰可见的问题，并已造成影响，在评估互动时也需要同时考虑到父母对依恋失败或互惠扭曲的影响。换句话说，当这些"臆想互动"和早产儿问题同时受到重视时，干预会更有效。越来越多针对早产儿和父母的方案包含了这两方面的干预措施。Marshall Klaus 和 John Kennell 在这一领域做了开创性的工作，他们为早产儿干预提供了指导方针（1982）。其他研究人员也尝试同时关注婴儿的缺陷以及父母对可能出现的互动失败造成的影响（Minde 等，1980；Parmelee 等，1983；Samaraweera 等，1983）。

27

安东尼奥:"一只坏眼睛"

安东尼奥出生的时候,他的妈妈Q夫人已经34岁了,他是父母盼望已久的第一个孩子。Q夫人生产的时候,她的丈夫一直陪伴在身边。这个健康、活泼的男孩诞生时,他们简直高兴极了。把他放在产床上对他进行检查的时候,他表现得非常机敏。他的眼睛睁得大大的,目光随着他们的面孔移动,妈妈突然发现他左眼的瞳孔处有一片眼翳,立刻被吓到了。儿科医生在她的产房对婴儿进行检查的时候,立刻向她保证,这可能是先天白内障,在将来通过手术很容易去除。当时,她好像接受了这种解释。但是,在后来的每一次复查中,她总会向医生问起同样的问题。此时眼科医生已经证实这就是白内障,通过手术很容易移除。然而,Q夫人每次说到这个微小的"瑕疵",总会泪流满面。她公开地责备自己,四处询问是不是怀孕的时候自己做了什么导致了这个现象。是不是她吃错了东西?是不是她感染了不知名的病毒？是不是她或她丈夫的基因问题所致？不过，据她了解，他们家族似乎没有任何人有眼部疾病。有没有可能和她眼睛近视有关系？

每次去医生办公室，她都要和医生讨论孩子的眼睛问题。儿科医生为了消除她的顾虑，一再向她展示婴儿的视力发育相当好。6个月大的时候，安东尼奥已经知道客体永久性，比同龄人都要早。玩具掉到桌子下面的时候，他会低头向下看，就像知道玩具掉到了那里，并想把它拿上来。他的快速运动发展也取得了超前进展，8个月大的时候，他已经能够站在椅子上。他所有的发育都伴随着一种明显的、急切的"冲刺性"。他长得很漂亮，有一双棕色的大眼睛，对周围的世界充满兴趣，玩起来总是精力旺盛，伴随着快乐的笑声。玩"躲猫猫"时，他总表现得特别有幽默感，每次把脸藏起来都会咯咯笑个不停。儿科医生对他的发育非常欣慰，被他的魅力所陶醉，又被他的热情所感染，非常希望他的妈妈能为他开心。

幽默、迷人通常意味着内心丰富、聪明伶俐。婴儿展现出这些特性，表明他发育得非常优秀。

然而，每一次回访，他妈妈都表现得更加忧虑。安东尼奥一天天长大，她却似乎越来越不为他取得的成绩感到骄傲。她担心他的眼睛睁得有多大,担心他左眼的缺陷有多明显。"难道别人都没注意到他的缺陷吗?难道他们将来不会因此嘲笑他吗?"

虽然安东尼奥的运动机能发育得非常优秀,他妈妈还是不停地担忧他会使自己受伤。他扶着家具站起来的时候,她担心他会摔倒。安东尼奥对食物充满兴趣,非常热衷于体验各种食物,以食物为玩具。然而,Q夫人不允许他用手抓食小颗粒的食物,"怕他被噎到"。夜间,她无法忍受待在他的房间之外,她承认,每个晚上她都要进入他的房间很多次,检查他是否呼吸正常。他每次像正常孩子一样在轻度睡眠时拱身子或者翻身,她就必须立刻跑到他身边去。她不能接受医生的建议,不能让他学着自己进入深度睡眠。她说她必须把他抱起来,摇晃着,让他在她的臂弯里入睡,嘴巴里还常常发出哀怜的悲叹:"可怜的孩子。"Q夫人说,安东尼奥每次从睡梦中惊醒,她都要冲过去,弄醒他,把他抱起来,和他一起抽泣。他的睡眠状态越来越差,每两个小时就会醒一次,儿科医生发现,让孩子尝试自己入睡的建议她根本听不进去。她完全无法接受安东尼奥任何一个微小的问题,她总是盘桓在他的身边。医生开始担心她的软弱和忧虑会传给孩子,抑制婴儿愉悦开朗的个性的正常发展。他看到Q夫人正在把她儿子弄成一个"虚弱不堪、焦虑、恐惧、无能的孩子"。她过于担心失去这个盼望已久的完美的孩子,以至于草木皆兵,整日焦虑、愧疚,她的情形已经超出了通常儿科医生工作的范畴。为了保护安东尼奥，确保他未来健康成长，也为了帮助Q夫人从她顽固的"儿子有病"的担忧中解脱出来，儿科医生将她转诊到了我这里，以便对她进行更深的精神方面的治疗。

即使婴儿的个性和全面发展尚未受到影响，也要留心这些悬而未决的问题。只要母亲的悲伤和忧虑得不到解决，喂养和婴儿的运动发展就无法自由运行。Q夫人的情况已经到了必须关注更深层面问题的程度，这些深层次问题不解决，会导致更深的不现实的恐惧。

在精神科进行咨询和治疗过程中，Q夫人的担忧继续加深。安东尼奥的"缺陷"让她心烦意乱，她忍不住胡思乱想，闹不明白到底是什么原因导致它的产生，变得越来越沮丧。疲惫使她的情绪更加低落；她从不允许自己沉睡，整晚保持警惕，时刻留意安东尼奥的动静。安东尼奥的睡眠困难引起了我的特别关注，这应该是母亲过度焦虑引起的，我们需要了解问题的根源。Q夫人解释说，当医生告诉她安东尼奥的问题时，她异常震惊。医生又说他需要动手术，她简直吓坏了。她忍不住地认定他一定会死在麻醉过程中。

交谈越深入，事情越明了，对Q夫人来讲，睡着是件太危险的事情。恐惧促使她一遍又一遍地查验安东尼奥的情况，她要确认安东尼奥在睡着的时候安然无恙。进一步澄清这种焦虑的过程中，更深层次的问题渐渐浮现出来。

Q夫人回忆说，她8岁的时候，她12岁的姐姐突然出现面部神经麻痹，导致姐姐的左眼睑瘫痪。她痛苦地记得整个家庭都陷入悲痛中，对那只"坏"眼睛的处置（用胶带将眼睑粘住，使它闭合），以及姐姐的同学们对姐姐的嘲笑，到目前为止依然让Q夫人记忆犹新。让她惊恐的是，安东尼奥的眼部症状和姐姐的非常相似。说到这里，Q夫人突然意识到这个联系。我们提醒她注意，安东尼奥的症状似乎唤醒了她的痛苦回忆，她的记忆一下子被"照亮了"。她记起来，姐姐就是在晚上突然瘫痪的，她上床睡觉的时候还好好的，一觉醒来就面瘫了。这就是过去和现在之间深度的混淆。她生怕晚上孩子会受到伤害，就像曾经发生在她姐姐身上的情况一样，这就解释了她为什么会在安东尼奥晚上睡觉时那么警惕，为什么对麻醉那么恐惧。

这种案例中，揭开母亲的历史具有治疗作用，要捕捉到那个关键点，那个"人为的关联"：安东尼奥的症状和姐姐的症状一样。他睡眠混乱正是妈妈害怕他会像她姐姐一样在夜里病倒造成的。

后来，Q夫人透露，长期以来，她对姐姐的感情一直很矛盾。

爸爸偏爱姐姐，曾经让她对姐姐非常嫉妒。现在，Q夫人潜意识里担心儿子会和姐姐遭遇同样的命运。

为了澄清这些潜意识里的担忧，可以帮助当事人追溯一下过去，看到过去的情绪在当下重演，这个发现会带来变化。Q夫人感到巨大的释放。她不再随着安东尼奥的翻身动辄醒来，而他的睡眠失调现象也消失了。更重要的是，她的抑郁解除了，如今，安东尼奥在她眼里成了一个完全不同的人，他的"残疾"变得微不足道。她对外科治疗充满盼望，可以与医生们通力合作了。

在后续回访的过程中，我们发现两个鼓舞人心的情况：安东尼奥在我的办公室里匆匆忙忙地走来走去时，她不再表现出焦虑，并且她决定怀第二胎。第二次怀孕的时候，她不再为将出世的孩子的健康而焦虑；这次，她生了个女孩，与其相处甚欢。

父母对有缺陷婴儿的反应有一定的规律模式（Solnit & Stark, 1961）。最初的冲击是突然意识到孩子与怀孕期间想象的理想形象不相符。不可避免地，父母会为自我形象的丧失而哀恸，他们本以为可以生出一个复制自己形象的漂亮宝宝。旧伤添新疤，父母脆弱的自尊受到了严重打击。

对有缺陷的新生儿的父母进行关照和治疗的人必须认识到他们的这种哀恸，以便进行防预性干预。必须要留心避免某些特别事态的发展：

- 父母顽固地否认儿童的问题，干扰医疗和教育纠正措施；
- 父母强烈地责备自己，认为一切问题都是自己造成的，夫妻之间充满内疚、抑郁和冲突；
- 父母将"过错"归咎于医务人员；
- 父母不接受这个孩子。

这些情形中，最严重的问题是孩子的缺陷导致父母自我形象的崩溃。因为存在缺陷，孩子已经远说不上是父母的骄傲，反而印证了父母的无能，极可能导致无法形成亲子依恋关系。

就像我们在本书第一部分和第四部分指出的那样，新手父母通常都会将孩子理想化。这个理想的破灭，会给亲子互动带来很大风险。如果父母不能将失望哀恸的情绪表达出来，重新看待理想与现实，就很容易引发很多问题。就像我们从这个案例所看到的那样，父母可能会过于焦虑和恐惧，孩子有可能会成为"替罪羊"，他会被当作家庭中某一个"坏"成员的化身，为了维护自己的尊严，家里的每个人都把自己心中蕴含的不足感投射到他身上；他身上的缺陷成了"恶"的明证。怕什么来什么，有可能会导致孩子更多的失败，父母想到的大多都是各种失败，而不是孩子内在的发展潜力。另一种情况是，由于认定一切缺陷都是自己造成的，满怀负罪感的父母会衍生出一种赎罪心态，作为惩罚，他们的一生都将沉浸在负罪的愧疚中。

正如我们建议的，早期干预可以避免这些情况发生。一个有缺陷的孩子的出生，总是会给父母带来重大的情绪波动，并且可以测试父母建立依恋关系的能力。几个因素可以帮助减轻父母自尊受伤的严重程度，其中包括对缺陷的准确理解。有趣的是，父母在怀孕期间知道孩子有缺陷所感受到的恐惧以及对未来的忧虑，远比在孩子出生后才看到缺陷的伤害更严重（Drotar等，1975；Johns，1971）。

当母亲们第一次看到肢体不全的孩子时，会发现自己可以爱上他们，从而放弃了把孩子遗弃到社会福利院的初衷。就算孩子身上的残疾很严重，也能引发父母内心的怜爱，建立依恋关系（Roskies，1972）。

数据表明，想象中的缺陷比亲眼看见的更糟糕；此外，孩子可以激发出父母的情感和养育能力，有力地抵消失望和悲伤。同时，亲子关系带来的回报可以减轻残疾对父母自尊的伤害。

一些干预项目表明，在养育过程中，父母给予孩子支持和帮助，特别是对孩子个性的发育方面给予支持，效果卓著（Bromwich & Parmelee，1979）。给妈妈们做示范，引导她们与有缺陷的孩子互动，可以有效地对抗抑郁（Als，1982）。

无论使用何种技术（指导、支持、心理治疗），临床医生都应该非常关注父母的自尊问题。只有受伤的自我形象得到修复，父母才有可能与"一个让人失望的"孩子建立依恋关系。

这通常需要施加特别的帮助。我们永远不能忘记,孩子是在妈妈的肚子里成形的,或者说,新生儿将妈妈内心深处的自我以可见的方式展示了出来。

28

✷

萨拉:"玛丽娜"

萨拉的妈妈L夫人是西班牙人,萨拉是第二个孩子,她被儿科医生转诊到我们的儿童指导诊所。萨拉是一个非常安静的女孩,看起来不像7个月大的孩子那么成熟,她在妈妈前面的地板上坐着,东倒西歪,很不稳固,毫无兴致地摆弄着两个玩具。其中一个玩具在萨拉的手上,一会儿被萨拉没完没了地猛拍,一会儿被萨拉塞到嘴里,萨拉却丝毫没有表现出对玩具的兴趣。这个玩具掉在地上,她就拿起另外一个,继续这些毫无兴致的猛拍或者啃咬,好像是在等待什么事情发生的过程中无聊地消磨时间。她对这两个玩具几乎一点儿兴趣都没有,既不把玩研究,也不关心我们是不是在观察她。她看起来完全沉浸在自己的世界中,对外界既没兴致也不兴奋。

面谈进行到一半的时候,L夫人开始哭泣。就像专门等着这一刻到来一样,萨拉立刻产生反应,扭过头去看着她眼泪汪汪的妈妈，对妈妈的脸充满关切。事实上，这是她的情感第一次发生变化。转头的时候，她坐着的身子倒了下来。稍做停顿后，她妈妈立刻跳起来，一把抓住她。萨拉发出轻快的声音，看着妈妈。几秒钟以后，她们又恢复到之前毫无生气的状态。萨拉的头扭开了，她妈妈再次软弱无力地坐回椅子上，继续和我说话。萨拉也回到之前的状态，再次拿起她身边的玩具，无聊地拍打着。只有一次，她试图把妈妈的注意力从我这里吸引过去，不过，很快她就放弃了努力。她又回到百无聊赖拨弄那两个玩具的状态，似乎已经习惯了不交流。

在进行婴儿相关工作的过程中，我们常常遇到妈妈们呈现出各种程度的抑郁——从短暂的产后抑郁到长期抑郁。虽然严重病例（如产后精神病）很少发生，但许多初次精神危机发生在育龄妇女生产后的第一个月内（Paffenbarge，1982）。

婴儿早产，导致的主要问题是很难建立良好的早期依恋关系和亲子互动，如果再遇上母亲抑郁，母亲的退缩和压抑将成为困扰母婴关系的主要因素。然而，就像我们之前指出的那样，这种情况的产生，母婴双方都脱不了干系。

L夫人自女儿出生以来就很抑郁，孩子是个女孩，这让她很沮丧："我不希望她长大像我一样难过。"萨拉几乎就没有注视过她的妈妈，总是把身子扭过去，背对着母亲。我要求妈妈和孩子面对面的时候，她们还是不看对方，婴儿只是不断地摆弄她的玩具。

值得注意的是，萨拉与她5岁哥哥的互动完全不是这样的。她们第二次来的时候，哥哥随她们一起来了。每次哥哥叫她的名字，她都会快乐地抬起头，微笑着，兴奋起来。她对我的反应也是如此。看起来，就像是和鼓舞她的人互动，将她从悲惨境地"拯救"了出来。妈妈说萨拉的这种反应很常见，又说萨拉"偏爱"她的爸爸和哥哥。

我发现，妈妈和萨拉的沟通很特别，她坐在地板上，和婴儿保持着一段距离，几乎从不碰触她，和她说话的声音很低，就像是在耳语。问她为什么要那样跟萨拉说话，她解释说大声说话会吓到萨拉。

妈妈尝试呼唤萨拉，婴儿不予应答，这时，她做了两个举动：首先，她叫她的女儿"玛丽娜"（西班牙语"坏女孩"）；然后，她挥手对萨拉说"再见"。通过这两个举动，她向萨拉传达了两个信息："你不跟我说话，你是个坏孩子"，以及"你不关注我，我就离开你"。

很显然，这位妈妈很敏感，萨拉做的任何事情都有可能被她解读为对她的拒绝。事实上，她几乎只对婴儿的拒绝行为做出反应。换句话说，她不能容忍婴儿的自主行为，她认为婴儿的自主反应都是对她的拒绝。婴儿一旦不再和她直接互动（比如，转离注意去玩玩具），母亲就中断所有的接触，加大她们之间的距离（比如挥手说"再见"）。母亲的低水平的邀约进一步降低了她们之间沟通的强度和频率。

咨询中途遇到假期，我们的治疗暂时中断，2个月后，治疗继续进行。萨拉9个月大的时候，她几乎没有进步。她仍然是百无聊赖地摆弄她的玩具，毫无兴致。她的坐姿比原来稳当了些，不过，一旦倒下，她就躺着不起来了。她尝试着和她精神抑郁的妈妈互动，浅尝辄止。她们真正互动的时候也非常短暂和肤浅，萨拉把目光看向别的地方，中止了互动，她就像是用这种方式掌控着她们之间的互动节奏。现在，她看起来和母亲一样神情抑郁，动作缓慢、安静，似乎对周围的环境要求不多。突然，L夫人把萨拉抱了起来。她在妈妈身上大幅度地撞来撞去，想要引起妈妈的注意。妈妈终于关注她的时候，她却突然把脸扭开了，似乎被妈妈关注很痛苦，或者很不习惯被这么关注。她扭动着想要从妈妈身上下来。她再次被心烦意乱的妈妈慢腾腾地抱了起来，她啃着妈妈的脸，狠狠地亲吻她，似乎是想要把妈妈唤醒。妈妈再次注意到她时，她俩再次陷入沉寂，没有一起做游戏。L夫人开始尝试着擦拭萨拉的鼻子，萨拉猛烈地扭动身子躲开了。萨拉开始抓妈妈的鼻子，打她的眼睛和她的脸，力度和态度就像是妈妈想要擦她鼻子时表现出来的一样具有侵犯性。当妈妈把她抱紧的时候，萨拉向妈妈身上猛戳，似乎这是她唯一可以和精神抑郁的妈妈产生关联的方式。整个过程充满了忧伤和侵犯，没有任何一起游戏的愉快。

这次来访，妈妈开始谈到她自己。她解释说自己非常想要一个婴儿，因为她想要有人陪伴她，永远不离开。她非常辛酸地说，看到萨拉一天天独立起来，她很悲伤。"真希望她永远待在我肚子里。"她说，萨拉每次将注意力从她那里转开，或者对她没有回应时，她就真切地感受到被遗弃了。这就是为什么她会叫萨拉"玛丽娜（坏女孩）"，并且跟她挥手说"再见"的原因。她继续说："每次我爱上一个人，那人就会离开我。"（2周以后，她宣布再次怀孕，很明显她想再次体验孩子是她身体的一部分的经历。）

这种情况再次说明，这种现象对抑郁症患者来说很典型，他们无法意识到别人对他们的友好信号，只能看见那些拒绝他们的迹象。

很多次对话以后，我了解到L夫人是一个"替代"孩子，她出生在9岁的哥哥死去1年之后。在她的整个童年，爸爸为了死去的哥哥哀伤不已，意志消沉，她试图安慰爸爸，却总是无法奏效。和哥哥相比，她感觉自己不被喜爱，总是被排斥，"凭着直觉知道"爸爸永远偏爱她死去的哥哥。

现在，她在萨拉身上体验到与此相同的情景，她"凭着直觉知道"萨拉爱的不是她，而是男人们（爸爸、哥哥，甚至我），就像她爸爸偏爱她哥哥一样。

这是妈妈和萨拉之间相倚失败的核心原因，只有对此进行评估，并将其与真实发生的互动关联起来，治疗才能成为可能。

在治疗中，萨拉成了妈妈的得力同盟。萨拉独自玩耍的时候，妈妈会离开她，与妈妈不同的是，萨拉会一再试图将妈妈吸引过来。我们将萨拉的友好信号指出来给妈妈看，她开始意识到她们之间存在的相互依恋，这反过来激发了母亲被压抑的依恋能力。我们要做的就是帮助这种良性循环持续发展。我们将妈妈的注意力引向婴儿的友好信号，同时帮助她把自己过去的幽灵同现在的关系区别开。

渐渐地，我们看到她们的互动发生了变化，妈妈越是看见萨拉试图吸引她所做的努力，她就越有信心，确信萨拉需要她。然后，我们看见她们之间的相互反应在发展。几个月之后，妈妈不再认为萨拉偏爱男人；她不再叫她"玛丽娜（坏女孩）"，她开始确信萨拉与她已经建立起了亲密的依恋。

不过，借助心理和药物治疗，经历了两年的时间，这位妈妈才真正地从抑郁中走了出来。我们的目标改为确保母女之间的亲密关系不再中断。

产后抑郁症和早期干预

在本书第三部分，我们说相倚是对互动伙伴的信号、需求以及情感的恰当回应。相倚是一种即时回应，是对互动伙伴内部状态的移情和共鸣。Robert Emde 称其为情感即时应答，Daniel Stern 称其为协同。儿科医生或儿科护士治疗和干预的是婴儿的先天性疾病、个性反常或异常等。心理诊所或辅导中心的儿童精神科医生或社会工作者更倾向于发掘父母的问题，父母的矛盾心理、焦虑、父母角色不认同以及抑郁等，都会导致相倚失败。

孩子和妈妈对相倚造成干扰的诸多问题中，产后抑郁症最常见、最严重。萨拉的案例中有很多互动行为都是非相倚反应行为，也就是说，行为虽然是对同伴发出的，却不是对同伴当下发出的信号或信息的即时应答。比如，L夫人远远地坐在萨拉的旁边，婴儿试图引起她的注意，她对此无动于衷，兀自低声地喃喃自语。

非相倚反应可以按照发生的频率或活动的类型（进食、观察、物理方法等）进行描述，也可以按照在非相倚反应中起主导作用的人来描述。

有相关实验证明，即便是轻度抑郁导致相倚行为失败，都有可能影响婴儿。最为人所知的实验是本书第三部分中提到的"冷面实验"。Edward Tronick对这种"冷面"情况进行了广泛研究，他提出，导致婴儿抑郁的最主要原因正是婴儿的无能无助感——婴儿试图引起母亲的积极参与而无果（Tronick等人，1978）。在实验中，婴儿一再尝试重新建立联系，却得不到相应的回应，成为导致婴儿后续行为反应的关键因素，也决定了婴儿对抑郁母亲的反应。实验证明，即使是微小的相倚中断，也会造成持续的反应变化，即使实验结束，影响依然存在（Tronick等人，1984）。

如果微小的（持续时间有限）相倚中断都会对婴儿造成明显的长期影响，产后抑郁症会带来更加复杂、长久的影响也就不足为奇了，即使在产后第一个月，影响就已经产生。James Robertson在报告中提到了一个2个月大的婴儿的案例：听说丈夫有可能患上了癌症，这个婴儿的妈妈变得非常抑郁、萎靡，婴儿微笑时，她没有任何反应，也没有话语回应，几乎没有和他说过话。不到一周，婴儿的发育就出现了明显的退步，他的活动能力减弱，逗他笑时他很难展现笑容。虽然几天后就排除了恶性肿瘤的判断，但婴儿仍然冷冰冰的，反应迟钝，这种发育后退在后续的几个月内仍然很明显。他的表现很被动，似乎无欲无求，在12个月的时候，他的发育依然落后2个月

(Robertson，1965)。

另外一些研究工作综合了临床观察和学术研究两方面的优点。Tiffany Field试图测试婴儿是否会受到抑郁的影响，这种影响是否是与患有抑郁症的母亲互动而产生 (Field，1985)。结果显示，母亲患有产后抑郁症的3～4个月大的婴儿脸上呈现的积极表情，明显比妈妈不是抑郁症患者的婴儿少很多，说话也少很多。总之，婴儿期产后抑郁症影响的研究表明，妈妈的相倚行为哪怕是出现极微小的偏差，婴儿都可以感受得到。如果偏差很快得到修正，婴儿尚可以学会应对。如果这种偏差持续存在，对婴儿的影响可能会延续很久。如果妈妈的这种行为与预期反应相去甚远又频繁出现，就会对婴儿产生持续的影响。消极、敌对或者退缩的反应会使对方也消极被动起来，婴儿因此变得萎靡抑郁。最终，婴儿将无法对母亲做出恰当的相倚反应，致使婴儿抑郁的元凶有可能就是她的母亲。婴儿的行为若得不到肯定或者强化，婴儿很有可能就会变得内向、萎靡、保守。

母亲若患有明显的、严重的抑郁，情绪压抑退缩，感情冷淡，婴儿的互动请求得不到相倚回应，缺乏刺激就会变成常态。在父母患有严重抑郁症的情况下，儿童出现精神问题，尤其是抑郁症的发生率很高。婴儿期和青春期儿童特别容易受到父母抑郁的影响 (Beardslee等人，1983)。

29

玛丽:"停顿"

玛丽8个月了,因为她常常出现食物反流状况,她的父母A夫妇被介绍到我这里来寻求咨询。她生来就"小",生长曲线显得有些迟缓。儿科医生一直告诉她的父母,她"体重轻",甚至提到过"侏儒"这个词。这种问题现在越发复杂起来,她每天都会发生多次食物反流现象,甚至会呕吐。大家都很焦虑,生怕这种现象会影响她的成长发育。

玛丽的父母都是教师。他们似乎对孩子的成长参与度很高,总想让她多多"经历各种情景"。在我的办公室里,他们努力地让她行走,用成人的口气和她说话,向她解释为什么会到我这里来。他们不停地让她做各种活动,没完没了,中间没有任何"停顿"和缓冲。

玛丽看起来很没活力,非常瘦,一副挨饿的样子。她嘴巴里"被塞进"一个安抚奶嘴,手上很无趣地摆弄着一个玩具。由于嘴巴里含着安抚奶嘴,她不能把玩具放进嘴巴里对玩具进行探索,其实,她根本没有研究这个玩具的兴趣,她只是机械地摆弄,既不仔细把玩,也不定睛查看。她手上拿个玩具,不像是为了玩,更像是在填补空隙。几乎一直是爸爸抱着她,咯咯笑着逗她,她看起来像是等着他盯着自己和自己说话。父母双方不停地把玩具塞给她,给她演示怎么玩,又把她传来传去,她从来不回头看把自己传出去的那个人,毫不依恋。这让人很好奇,也很担心,她好像完全没有互动的欲望和想法。在我的办公室进行的一切互动似乎都不是她所期待的。她似乎从来没有获得她所期待的互动。

她尝试着要自己站起来,爸爸立刻把她抱起来,抛向空中,直到她开始呕吐。他继续抱着她,没有看她,也不和她说话或者玩耍。她依然是置人于千里之外的感觉。虽然她似乎想进行更多的活动,但她看起来毫无生气。有那么一瞬间,她被允许独自站立一会儿,她撒欢似的在椅子里游晃了一圈,嘴里快乐地发出了声音。父母没有回应她,她就在椅子上重重地磕碰她的脑袋,又趴在妈妈腿上使劲咬,妈妈无奈地把她抱起来放在腿上坐着。很快,爸爸把她抱过去,塞给她一个玩具,除此以外,再没有任何更深入的互动。她看着远处,嘴里嘟嘟囔囔的,却没引起任何回应。她又一次陷入孤立状态,当她再次闹着抗议不想一个人待着的时候,爸爸就再次把她抱起,塞给她一个玩具,依然没有进行更多的互动。然后,她就开始独自把玩安抚奶嘴,这是我们观察到的她最用心把玩奶嘴的一次。她很开心地把安抚奶嘴翻过来翻过去,仔细查看,放到嘴里含着,又拔出来,弄出"啵啵"的声音。她脸上显出了开心的样子。这个物体似乎是让她感到最安心的互动物体。

在这次问诊过程中,A夫人只对玛丽表现出一次关注。玛丽有节奏地敲打玩具,她妈妈不知不觉地模仿了她一下。但她在玛丽面前表现得很拘束,使得玛丽更愿意与玩具互动,而不是与人打交道。在某种程度上,她看起来好像很怕玛丽。

A先生生硬地抱起玛丽,他的动作既不温柔也不敏感。他对她的任何情绪波动都表现出谨慎的态度,并对她在自主行为上的几次尝试感到不知所措。

在第一次咨询的整个过程中,这一家人的行为渐渐表现出了几个显著的特征。首先,爸爸主导着与孩子之间的绝大部分互动。他强迫她做运动,"锻炼",不断地用新玩具刺激她,对她说教,而不是开玩笑或幽默地聊天。有一次,父亲指着杂志上的一幅画,用"盆栽"这个词来描述它。父母俩没有一个花费时间和孩子亲切地交谈、拥抱,也没有人在看着她的时候显出轻松宜人、充满爱意的样子。玛丽总是显出渴望得到更多刺激的样子,却没有表现出对父母任何的依恋。

这种不寻常的互动引起了我们的好奇,我们要求家长允许我们对会诊过程录像,对录像数据进行微观分析,以便对他们互动的某些特征进行量化研究。我们发现,父亲与玛丽相处的时间确实比母亲多。对录像的研究同时表明,父亲对婴儿的许多反应或行为方式都与相倚反应相反,母亲的反应稍有不同。最明显的是,几乎所有互动都是通过身体直接接触进行的,完全没有语言交流或凝视。

在这种互动模式下,玛丽根本没有时间从长期的身体刺激中恢复过来。她"被迫"做出反应,而她的父亲不断地给她提供各种活动,似乎没有一项活动是她想要的,她也没有准备好参与进去。她逃避这些不适当刺激的唯一方法就是呕吐。

在后来的一次咨询中,这位父亲谈到了他的教育"意识形态"。他解释说,他想让玛丽变得聪明、主动,所以,他不断地挑战她的智力和运动能力。他把父亲的角色视为教师,不断挑战她的各项能力和技能。

我们告诉这位父亲我们对他的这种独特风格的印象,并问他为什么认为应该用这种恒定的方式刺激玛丽。他给我们讲述了一个悲惨的故事:他曾经有一个双胞胎弟弟,很小就显出智力低下和轻度的神经系统问题。医学检查最后确定他患上了一种罕见的进行性疾病。患病的弟弟成了一家人关注的中心,这让玛丽的爸爸非常地嫉妒和痛苦,直到弟弟20岁的时候去世。

这是一种遗传病。怀上玛丽以后,父母俩非常担心,生怕她也出现同样的问题。玛丽一出生,她爸爸就不住地告诉自己,只要不停地刺激她,她就不会出现智力低下或者活动障碍。通过强迫性的非相倚行为,他不断地与他残疾弟弟的幽灵做斗争,无法识别或适应玛丽的需要。

A先生将这些背景透露给我们以后,我们请他告诉我们,他对玛丽变成他弟弟那种状态的恐惧心理。他说,她还没出生之前,他就已经非常恐惧,生怕这种疾病会遗传给他的孩子,甚至想过通过精子库人工受孕,以避免悲剧再现。

正如我们所描述的,这种情况是父母的行为伴随着他们对"幽灵"的认知和对孩子个人需要的认可而逐渐变化的典型案例。我们指出过度刺激玛丽和她的呕吐之间的联系,父亲开始注意到她的真实需要。我们还向父母展示了玛丽避免被卷入更高层次的刺激中的行为方式,她的主动性和积极性都被压抑了。在我们的指导下,影响父亲的幽灵被揭露了出来,这对聪明父母的神经放松了下来,开始学着不再那么频繁地刺激玛丽。

后期录像片段的微观分析表明,父母的角色发生了逆转。起初,玛丽与父亲的互动是与母亲互动的3倍,而上一次咨询时,她与母亲的互动时间增加了3倍。明显的非相倚互动的次数也大幅度减少。特别有趣的是,玛丽独自相处,与父母双方都不接触的时间也超过了之前的3倍。在此期间,玛丽的食物反流现象逐渐停止,父母的焦虑减轻。后续的咨询将立足于使这种改变持续下去。

30

朱利安:"暴君"

朱利安的母亲C夫人来咨询的时候表现出了一副精疲力竭的样子。她说她再也无法应付她那个14个月大的孩子了。她抱怨说他要求很多,很专横,她完全不敢拒绝他,也不敢和他作对。她说,事实上,她感觉自己被一种强势所控,像奴隶一样屈服于儿子的淫威之下。她经常为自己所受的奴役之苦抱怨不已。她的描述从一开始就很夸张,她说,如果她不时刻盯着他,他分分秒秒就会把房间里的一切都毁坏殆尽。她还得时刻确保他不要对别的孩子造成严重伤害。

她说话的时候,朱利安发现了我们办公室的玩具,他在房间里溜达起来,但没有显现出她所说的现象:暴力和控制。他是一个相当强壮、精力充沛的男孩,但似乎并不那么任性。

C夫人30多岁,是个成功的公司高管。朱利安的爸爸也在公司工作,还算成功,但是没有他夫人级别高。朱利安是他们"计划"好几年的成果。他到来的时候,他妈妈简直是"全身心地爱上了他"。她推迟了返回工作的时间,留在家里对他进行母乳喂养,直到他们来到我这里咨询。她指出,她已经为朱利安放弃了自己的事业。他6个月大的时候,他每天夜里还要隔两三个小时就醒来吃奶。她很担心母乳不够他吃,只要他一哭,她就立刻过去。最终,她把他带回大床,睡在她和丈夫之间。她希望这样做既可以随时哺乳,她自己也可以多睡一会儿。然而,这种做法却让她筋疲力尽。直到她来咨询的时候,她依然必须每天晚上隔两三个小时就喂一次奶。

C夫人将她的疲惫不堪告诉我们之后,稍做停顿,查看了一下朱利安的情况。朱利安赌气地看着她,她跑了过去,想看看朱利安正在做什么。他有点坐立不安,在办公室走来走去,每走一步就喊她一下。我建议她"为了他好",应该给朱利安设立界限,她似乎完全没有听到我的建议。我们刚要交谈的时候,朱利安喊她的嗓门越来越大,她立刻跳起来,跑过去,满足了他。随之产生了相当疯狂的相互作用,我感到C夫人既愤怒又绝望,而朱利安越发地心神不宁和不满。

这位妈妈口中所描述的自私的控制欲以及暴力行为,似乎与她的儿子无关,更有可能是曾经发生过的事情的再现。

我渐渐了解到，C夫人还是一个小姑娘的时候，被迫担起了母亲的角色。她是6个男孩的大姐姐。她妈妈频繁地怀孕生子，疲于应付，就让女儿当替代妈妈。她童年的大部分时光都是在照料弟弟们。在这个过程中，她深深地感到被这些自私的男孩们利用了，又被无情地剥夺了母爱。她彻底地舍弃了做孩子的特权。

现在有了朱利安，她再次感到被迫做了母亲，她憎恶这种情况，虽然这怨恨是渐渐显现出来的。她嫉妒儿子享有她给他的各种特权，就像她过去嫉妒她的弟弟们一样。

过了一段时间，C夫人才意识到，她很怕自己会控制不住责打孩子，这种暴力倾向被她用一种相反的方法控制住了，她对儿子过分关怀，过度地保护，为一触即发的自己的攻击性做了很好的伪装。

这种强迫性的过度关怀导致她十分疲惫。她用这样的方式保护自己免受潜在嫉妒的影响，她对殴打孩子的恐惧确实来自于她过去对弟弟们的愤怒。她在朱利安身上看到的暴力倾向，是她在自己身上看到的强烈愤怒的投射。她对儿子的臆想是一种保护措施，一个强大的婴儿不太可能受到她的伤害。一个忠心耿耿、无私奉献、拼命工作到筋疲力尽的母亲，比一个报复心强、动辄打人的母亲更可取。

30. 朱利安："暴君"

了解到这一使得母亲对朱利安充满抱怨（抱怨他自私、暴力等）的隐情后，通过观察，我们发现他像正常的同龄孩子一样，不是满心苛求和浑身暴力的样子，我们的任务变得更加清楚了。在接下来的咨询中，我们帮助C夫人把自己对朱利安的过分描述和朱利安在某个特定时间的实际表现相对比。与此同时，过去她被迫成为那些被宠坏了的弟弟们的非法定看护人让她内心愤恨已久，我们帮助她用言语将这种强烈的怨恨表达了出来。这帮助她认识到，她的愤怒的"真正"对象应该是她的过去，而不是她的儿子。

这种认识让C夫人获得了极大的释放，任何一个母亲都无法忍受对自己孩子的无端愤怒，她们心中会充满痛苦的愧疚感。

我们也帮助C夫人认识到，她害怕自己身上隐藏的暴力倾向，实际来源于幼年时对过早承担看护重担而被忽略童年需求的极大愤怒，这暴力倾向处于她的潜意识里，她很害怕朱利安会变成一个少年犯。在我们的整个咨询过程中，我们判断问题的"线索"是这位母亲所处的矛盾情境：她像奴隶一样为儿子卖命，同时又憎恨他的特权。她的焦虑和过度保护意识逐渐减弱，她改变了对朱利安的看法，不再认为他充满暴力，是一个"暴君"。朱利安的独立和自信也增加了。

朱利安4.5岁的时候，我们做了一次随访，他妈妈再次为自己获得释放而感慨，说她再也没有恐惧过了。朱利安的发展也很棒。

31

干预性评估

我们详细介绍了上述各个案例，目的是为了说明本书前面讲述的双重观点（观察/解释分析、发展/精神分析）在临床工作中的应用。虽然我们没有穷尽所有的临床案例，但这9个案例已经代表了评估和干预过程中常见的典型问题。由于这些案例来自两位不同实践领域的作者的实际工作经历，所以，他们对相关工作人员的建议侧重点各不相同。在这些案例中，我们努力平衡婴儿问题（早产儿、喂养问题）和父母问题（抑郁、焦虑）。在区分问题的性质时，我们认识到，互动双方都有问题，父母无法忍受孩子的某些症状，驱使他们到我们这里来寻求帮助，而孩子的症状可能并没有父母自身潜在的冲突或"臆想互动"造成的影响那么严重。

在本书的末尾，我们要重申，研究并了解特定的早期关系的动态发展过程本身就是一种干预措施。在父母的见证下对新生儿进行单纯的行为测试,最详尽地揭露童年"幽灵"的再现,对父母—婴儿互动进行评估,并将其用语言表达出来,这个过程会带来强有力的改变。

基于我们所推崇的双重观点以及对评估的重视,我们概括了4个干预指标,提供给父母和婴儿临床工作者作为参考,无论是对"健康婴儿"进行常规检查,还是对长期心理问题进行治疗,这四个指标都适用。由于我们在前文中已经详细说明了每种情况,在这里我们对4个干预指标进行了高度概括。

环境设置 父母和孩子必须在一起。氛围应该足够自由,父母就可以"正常"地与婴儿互动。有玩具的游戏氛围会促进这一进程。

工作人员应该采用适当的方法鼓励父母口头诉说他们的成长经历。侵扰性质疑和专制性指导不可避免地会扼杀参与者的开放性。工作人员必须既关注正在发生的互动,又关注父母的口头报告。这是一件说起来容易做起来难的事情。

视频记录的作用非常大,可以节省临床医生的时间,事后对互动模式做回顾性分析。通常只有在视频回放的审查过程中,才能发现父母的口头报告和相应的互动模式之间是否具有一致性。有时,可以将这些视频资料和家长一起分享。

客观评估 除了对互动进行细心密切的观察之外,还需要对儿童的发展水平进行全面评估。客观评估不仅有助于临床医生做出诊断，还可以以委婉的方式与父母分享评估结果，成为一种有效的干预手段。

主观报告　父母陈述他们与孩子的关系，回顾他们自己成长期间被养育的经历，通常会产生过去和现在前呼后应的效果。我们一再发现，在养育孩子的过程中，父母对自己的看法，以及他们所认定的孩子行为的含义，对孩子未来的行为发展具有决定性的意义。每一位临床工作者都应找到恰当的方法，帮助父母将自己的情感、思想、恐惧和希望表达出来。必须将父母的各种投射与孩子的实际行为区别开来。

在这个过程中，帮助父母将压抑已久的情感表达出来至关重要，"积极倾听"渐渐地就变成了积极干预。

注重关系　在新生儿案例中，我们唯一能施加干预的就是关系。事实上，我们注重关系，有三重意义：首先，就像我们已经看到的那样，查验新生儿的时候，我们了解关系的过程会成为一种干预手段。其次，了解父母与孩子之间的关系特性，并将其解释给父母，会给他们带来重要的改变。最后，同样重要的是，临床工作者与咨询家庭之间建立相互理解和尊重的关系，有助于咨询家庭建立信心、释放压抑、促进成长。